Mitchell Symons
Verrückte Fakten aus dem Tierreich
Warum können Schildkröten
durch den Po atmen?

Mitchell Symons, geboren 1957, studierte in London Jura und arbeitete anschließend als freier Journalist und Autor. Er hat bereits über vierzig Bücher veröffentlicht und gehört zu den Erfindern des Brettspiels „Trivial Pursuit". Als einer seiner Freunde gefragt wurde, wen er als Telefonjoker bei einer Quizshow einsetzen würde, sagte dieser: „Mitchell, denn der hat mehr nutzloses Wissen über absolut überflüssige Dinge als sonst irgendjemand!"

Mitchell Symons

VERRÜCKTE FAKTEN

aus dem Tierreich

Warum können Schildkröten
durch den Po atmen?

Aus dem Englischen
von Susanne Bonn

Ravensburger Buchverlag

Als Ravensburger Taschenbuch
Band 53126
erschienen 2013

1 2 3 4   16 15 14 13

ISBN 978-3-473-53126-4

www.ravensburger.de

Für alle Popel-Esser

Für alle Kinder,
ganz besonders für meine eigenen

Für meine Ehefrau Penny
und meine Söhne Jack und Charlie
und auch für dich, lieber Leser,
denn ohne dich
würde ich Selbstgespräche führen

Für alle von euch, die dieses Buch
wegen seines Titels,
und für alle, die dieses Buch trotz seines Titels
gekauft haben

Für alle meine Freunde, meine Familie
und meine Leser auf der ganzen Welt

INHALT

VON SCHNABEL-, FAUL- UND STINKTIEREN

Das australische Schnabeltier kann bis zu 600 Würmer in seinen Backentaschen ansammeln.

Faultiere verbringen 75 Prozent ihres Lebens mit Schlafen.

Stinktiere verteidigen sich, indem sie einen durchdringenden, widerlichen Geruch verströmen. Sie vertragen außerdem fünfmal so viel Schlangengift wie ein Kaninchen.

Zebras
sind
weiß
mit
schwarzen
Streifen.

9

Beim Wickelbären, der zur selben Familie gehört
wie der Waschbär, ist der Schwanz doppelt so lang
wie der Körper. Nachts wickelt er sich zum Schlafen
in seinen Schwanz.

**Den Gestank eines Stinktiers kann man auch aus
zwei Kilometer Entfernung noch riechen.**

Eine Ratte findet den Weg durch ein Labyrinth
leichter, wenn man ihr Mozart vorspielt.

Beutelratten sind bei der
Geburt so klein, dass ein
ganzer Wurf in einem
Esslöffel Platz hat.

Kängurus können nur springen, wenn ihr Schwanz
den Boden berührt.

Eichhörnchen können schneller klettern, als
rennen.

Eine Maus hat mehr Knochen
als ein Mensch:
Maus 225, Mensch 206.

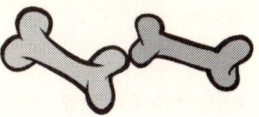

Ein neugeborener Panda ist kleiner als eine Maus.

**Das Gürteltier kann als einziges Tier
– außer dem Menschen –
Lepra bekommen.**

Ein Stinktier kann nicht gleichzeitig beißen und
seinen Duft versprühen.

Riesenpandas können 38 Kilo Bambus pro Tag fressen.

*Säugetiere werden definiert als Tiere, bei denen
das Weibchen die Jungen mit Milch füttert, die es in
seinem Körper produziert.*

Eichhörnchen können die Farbe Rot nicht sehen.

*Die Zähne von Nagetieren hören nie
auf zu wachsen.*

Ein Koala schläft im Durchschnitt 22 Stunden am Tag.

Koalas haben keine natürlichen Feinde.

Eine Gämse kann auf einer Felsspitze balancieren, die nicht größer ist als eine Euromünze.

Das südamerikanische Wasserschwein oder Capybara ist das größte Nagetier der Welt. Es lebt in dichten Wäldern oder in der Nähe von Gewässern.

Ein Faultier braucht bis zu sechs Tage, um sein Futter zu verdauen.

Ein junges Karibu kann schon drei Tage nach der Geburt schneller rennen als seine Mutter.

> **Das Herz eines Igels schlägt 190-mal pro Minute. Während des Winterschlafs fällt die Herzfrequenz jedoch auf 20 Schläge pro Minute.**

Als das erste Schnabeltier ins Britische Museum gebracht wurde, wollten die Kuratoren seinen Schnabel abreißen. Sie hielten es für eine Fälschung.

Ausgewachsene Kängurus sind mitunter größer als Menschen.

Die Taschenratte, ein tunnelgrabendes Nagetier, kann rückwärts ebenso schnell laufen wie vorwärts.

Der südamerikanische Riesenameisenbär frisst über 30 000 Ameisen am Tag.

Gürteltiere bekommen immer vier Junge, alle vier haben immer dasselbe Geschlecht.

Der Braune Fettschwanzmaki in Madagaskar bringt immer Drillinge zur Welt.

Ein Faultier kann sich im Wasser doppelt so schnell bewegen wie an Land.

Koalas trinken selten Wasser. Sie nehmen stattdessen Flüssigkeit aus Eukalyptusblättern auf, der einzigen Nahrung, die sie fressen. Angeblich bedeutet Koala in der Sprache der australischen Ureinwohner „trinkt nicht".

Gürteltiere graben so schnell, dass sie sich innerhalb von zwei Minuten komplett eingebuddelt haben.

Eine Labormaus läuft acht Kilometer pro Nacht in ihrem Laufrad.

Ein Maulwurf kann in einer Nacht einen 75 Meter langen Tunnel graben.

Säugetiere sind die einzigen Tiere, die Ohrmuscheln besitzen.

Das Faultier bewegt sich so langsam, dass in seinem Pelz ungestört grüne Algen wachsen können.

Hirsche schlafen nur etwa fünf Minuten am Tag.

Junge Stinktiere kommen im April zur Welt.

15

**Ratten können kurze Strecken
von bis zu 800 Meter schwimmen.**

Ein Stachelschwein hat im Durchschnitt mehr
als 30 000 Stacheln. Stachelschweine können
hervorragend schwimmen: Ihre Stacheln sind
hohl und helfen ihnen, über Wasser zu bleiben.

Das Mojave-Ziesel, das vor allem im
Westen der USA lebt, hält acht Monate
Winterschlaf pro Jahr.

Eichhörnchen können in Gefangenschaft 15 bis
20 Jahre alt werden. Ihre Lebenserwartung in
freier Wildbahn, wo sie Krankheiten, Unter-
ernährung, Raubtieren, Autos und Menschen
zum Opfer fallen, ist viel geringer.

500 Chinchillahaare zusammen sind so dick wie ein einzelnes Menschenhaar.

Hirsche können kein Heu fressen.

Das Rote Riesenkänguru in Australien kann über acht Meter weit springen.

Ratten sind Allesfresser.
Das heißt,
dass sie fast jede Art
von Nahrung fressen können,
auch tote oder sterbende
Angehörige ihrer eigenen Art.

Ratten fressen lieber Süßigkeiten als Käse.

Ameisenbären können die Zunge bis zu 160-mal pro Minute herausstrecken.

Gürteltiere können als Haustiere gehalten werden.

Kängurus können nicht rückwärtsgehen.

Elefanten

Im Verhältnis zu ihrem Körpergewicht ist eine Hummel 150-mal so stark wie ein Elefant.

Elefanten schlafen nur etwa zwei Stunden pro Tag.

Ein Elefantenrüssel fasst neun Liter Wasser.

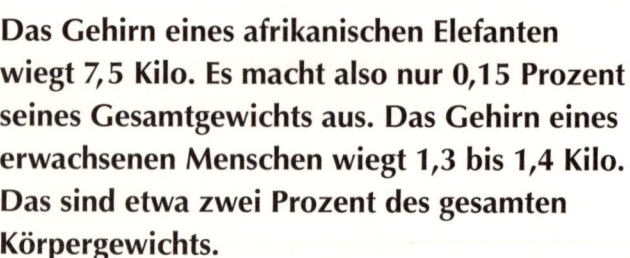

Elefanten gehen auf Zehenspitzen.

Das Gehirn eines afrikanischen Elefanten wiegt 7,5 Kilo. Es macht also nur 0,15 Prozent seines Gesamtgewichts aus. Das Gehirn eines erwachsenen Menschen wiegt 1,3 bis 1,4 Kilo. Das sind etwa zwei Prozent des gesamten Körpergewichts.

Ein afrikanischer Elefant frisst über 200 Kilo Zweige, Blätter, Gras und Früchte pro Tag.

Bei den afrikanischen Elefanten haben männliche und weibliche Tiere Stoßzähne, bei den indischen Elefanten nur die männlichen.

Elefanten haben keine Angst vor Mäusen.

Ein Elefant produziert etwa 20 Kilo Dung pro Tag.

Auch Elefanten haben Haare. Von Weitem sieht man sie nicht, aber aus der Nähe kann man feine, helle Haare bemerken, die den Körper des Tieres bedecken.

Ein Elefantenrüssel besteht aus 40 000 Muskeln, hat aber keine Knochen.

Bei der Geburt wiegt ein indischer Elefant etwa 200 Kilo, ein afrikanischer dagegen 264 Kilo. Ausgewachsen erreichen beide Elefantenarten knapp vier Tonnen. Allein ein Elefantenohr wiegt mehr als 45 Kilo.

Um ihr Skelett, das ohnehin schon viel Gewicht zu tragen hat, nicht zu überlasten, müssen sich afrikanische Elefanten langsam bewegen. Sie springen oder rennen so gut wie nie. Im Falle eines Angriffs können diese Tiere jedoch mit einer Geschwindigkeit von knapp 25 Kilometern pro Stunde fliehen.

Die Stoßzähne eines Elefanten wachsen das ganze Leben lang.

Der Rüssel eines Elefanten ist so stark, dass er damit einen Baum ausreißen kann, so geschickt, dass er damit einen Knoten öffnen kann, und so feinsinnig, dass er Wasser in vier bis fünf Kilometern Entfernung riechen kann.

Elefanten benutzen Zweige und Pflanzenstiele mit Blättern als Fliegenklatsche.

Der nächste Verwandte des Elefanten ist der Schliefer, der im Nahen Osten und in Afrika lebt. Das Tierchen wird nur 30 cm lang. Wie seine großen Vettern hat der Schliefer hornige Zehen und einen Magen mit zwei Kammern, um Pflanzen zu verdauen.

> *Außer dem Menschen kann nur noch der Elefant auf dem Kopf stehen. Dafür kann der Elefant als einziges Säugetier nicht springen.*

Raubtiere

Das schnellste Tier auf vier Beinen ist der Gepard, der bis zu 100 Kilometer pro Stunde schnell rennen kann. Er erreicht eine Geschwindigkeit von 70 Kilometern pro Stunde in zwei Sekunden.

Bei Höchstgeschwindigkeit macht ein Gepard Sprünge von bis zu acht Metern Länge.

Die Nachtsicht eines Tigers ist sechsmal so gut wie die des Menschen.

Schwarzbären haben eine blaue Zunge.

Das Brüllen eines erwachsenen Löwen ist so laut, dass man es aus acht Kilometer Entfernung noch hören kann.

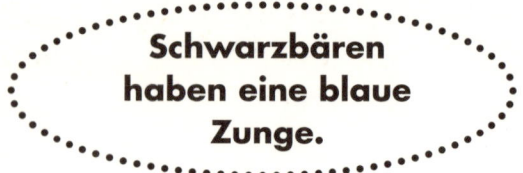

Die beiden bekanntesten Katzengeräusche sind Brüllen und Schnurren. Aber nur vier Katzenarten können brüllen: der Löwe, der Leopard, der Tiger und der Jaguar. Dafür kann keiner von ihnen schnurren.

Löwen schlafen bis zu 20 Stunden am Tag.

Löwen können erst brüllen, wenn sie mindestens zwei Jahre alt sind.

Ein Bär hat 42 Zähne.

Ein ausgewachsener Bär kann so schnell rennen wie ein Pferd.

Nicht alle männlichen Löwen haben Mähnen. Bei manchen wächst nur ein leichter Flaum im Gesicht.

In Indien wird der Begriff Menschenfresser nur für Tiger verwendet, die mindestens drei Menschen getötet haben. Menschen fressende Tiger sind meistens zu alt, um wilde Tiere zu fangen.

Der Schwanz eines ausgewachsenen Gepards ist bis zu 80 Zentimeter lang.

Tiger haben gestreifte Haut, nicht nur ein gestreiftes Fell.

Kamele

Das Tier, das wir heute als Giraffe kennen, wurde früher Kamelopard genannt, weil man dachte, es stamme vom Kamel und vom Leoparden ab.

Kamele kommen ohne Höcker zur Welt. Trotz des Höckers ist die Wirbelsäule eines Kamels gerade.

Der Höcker eines hungernden Kamels kippt zur Seite und hängt am Körper herunter, weil die Fettreserven darin aufgebraucht sind.

Giraffen und Ratten können länger ohne Wasser überleben als Kamele.

> **Kamele haben drei Augenlider, um ihre Augen vor dem Sand zu schützen.**

Kamele weigern sich, Lasten zu tragen, die nicht gleichmäßig verteilt sind.

Kamelmilch gerinnt nicht.

Nilpferde

Nilpferde töten in Afrika mehr Menschen als Löwen, Elefanten und Wasserbüffel zusammen, meist indem sie sie tottrampeln.

Wenn sich ein Nilpferd aufregt, färbt sich sein Schweiß rot.

Ein Nilpferd kann ein Krokodil in zwei Teile beißen.

Ein Nilpferd kann das Maul so weit aufreißen,
dass ein Kind stehend hineinpasst.

Der Magen eines Nilpferds ist drei Meter lang.

> 80 Prozent der Geräusche,
> die ein Nilpferd macht,
> gibt es unter Wasser von sich.

Nilpferde können schneller rennen als Menschen.

Nilpferde werden unter Wasser geboren.

Die Haut eines Nilpferds ist beinahe kugelsicher.

Fledermäuse

Auch Fische stehen auf dem Speiseplan einiger
Fledermausarten. Ihr Echolot ist so gut, dass sie
Fische sogar orten können, wenn ihre Rückenflosse
nur um Haaresbreite über die Wasseroberfläche
hinausragt.

In Indonesien gibt es riesige Fledermäuse mit einer Flügelspannweite von fast 1,8 Metern.

Die Mausohrfledermaus aus Nordamerika ist im Verhältnis zu ihrer Körpergröße das Säugetier mit der höchsten Lebenserwartung weltweit. Sie kann 32 Jahre alt werden.

Es gibt eine Fledermausart, die sich von Skorpionen ernährt und gegen deren Stiche immun ist.

Afrikanische Herznasenfledermäuse können die Schritte eines Käfers auf Sand aus zwei Metern Entfernung hören.

Manche Fledermäuse fressen Frösche. Sie finden und erkennen essbare Frösche an deren Paarungsrufen. Die Frösche versuchen sich zu schützen, indem sie sich verstecken und nur kurze Rufe von sich geben, die die Fledermäuse nur schlecht orten können.

Vampirfledermäuse adoptieren verwaiste Fledermausjunge und riskieren mitunter ihr Leben, um Nahrung mit hungrigen Artgenossen zu teilen.

Wenn sie die Höhle verlassen, wenden sich Fledermäuse nach links.

Das kleinste Säugetier der Welt (gemessen an der Schädelgröße) ist die Schweinsnasenfledermaus aus Thailand.

28　Die größte Ordnung der Säugetiere ist mit etwa 1700 Arten die der Nagetiere. Die Fledermäuse liegen mit 950 Arten auf dem zweiten Platz.

Fledermäuse bringen in der Regel nur ein Junges zur Welt, Zwillinge sind selten.

90 Prozent aller Fledermäuse der Welt sind winzig und wiegen weniger als 25 Gramm.

Vampirfledermäuse saugen kein Blut. Sie beißen ein Lebewesen und lecken dann das aus der Wunde austretende Blut ab. Sie brauchen etwa zwei Esslöffel Blut pro Tag.

Die Beinknochen einer Fledermaus sind so dünn, dass sie nicht gehen kann.

Fledermäuse sind die einzigen Säugetiere, die fliegen können.
Es gibt zwar sogenannte Flughörnchen, aber sie gleiten nur auf ausgespannten Hautlappen.

Zu den Pflanzen, die von Fledermäusen bestäubt werden, gehören Datteln, Feigen, Cashewnüsse, Avocados, Nelken, Mangos, der Brotfruchtbaum und fast alle nachts blühenden tropischen Pflanzen.

Wombats

Wombats sind nachtaktive Beuteltiere, die nur in Australien leben.

Wombats haben einen langsamen Stoffwechsel. Sie brauchen 14 Tage, um ihre Nahrung zu verdauen, und bewegen sich deshalb meistens langsam. Wenn sie gejagt werden, können sie allerdings sehr schnell rennen.

Ein fliehender Wombat kann bis zu 40 Kilometer pro Stunde schnell rennen und völlig abrupt anhalten. So tötet er seine Verfolger: Das Raubtier rennt sich am Steißbein des Wombats den Kopf ein.

Außerdem drückt der Wombat mit dem Steißbein Eindringlinge an die Wand seiner unterirdischen Gänge.

Es gibt zwei Wombatarten: den Nacktnasen- und den Haarnasenwombat.

Wombats schlafen oft auf dem Rücken,
die Beine in die Luft gestreckt,
meist schnarchen sie dabei.

Weil sie vom Aussterben bedroht sind, ist es verboten, Wombats als Haustiere zu halten. Die meisten Australier haben noch nie einen wilden Wombat gesehen.

Affen

Männliche Affen können genauso einen Glatzkopf bekommen wie Männer.

Menschenaffen können lernen, sich im Spiegel zu erkennen. Andere Affen können das nicht.

Bei den Orang-Utans gibt es eine starke Bindung zwischen Mutter und Kind. Ein Orang-Utan-Baby hält sich an seiner Mutter fest, bis es fast zwei Jahre alt ist.

Gorillas können nicht schwimmen.

Im US-Bundesstaat Indiana wurde ein Affe vor Gericht gestellt und verurteilt, weil er eine Zigarette geraucht hatte.

Ein wütender Gorilla streckt die Zunge heraus.

Die alten Ägypter hielten sich Paviane, denen sie beibrachten, bei Tisch zu servieren.

Bevor sie vom Menschen eingeführt wurden, gab es in Australien weder Tiere der Katzenfamilie, noch Huftiere, noch Affen.

. . . .

Gorillas schlafen bis zu 14 Stunden am Tag.

. . . .

Gibbons verständigen sich durch Lieder in hohen Tonlagen, die viele Kilometer weit zu hören sind.

Giraffen

Die Giraffe hat den höchsten Blutdruck von allen Tieren.

Giraffen haben keine Stimmbänder.

Giraffen kommen als einzige Tiere mit Hörnern zur Welt. Sowohl Männchen als auch Weibchen haben bei der Geburt Knochenspitzen auf der Stirn.

Giraffen schlafen selten mehr als 20 Minuten pro Tag.

Eine Giraffe kann mit einem Tritt einen Löwen töten.

33

Bei der Geburt fällt eine Giraffe zwei Meter tief auf den Boden.

Neugeborene Giraffenbabys sind 1,80 Meter groß und wiegen 90 Kilogramm.

Giraffen können sich mit ihrer 50 Zentimeter langen Zunge die Ohren waschen.

Giraffen können nicht husten.

34

MORDSGEFÄHRLICH

Der Blaugeringelte Krake: Ein Biss oder Spritzer führt zur Lähmung. Der Tod folgt wenige Minuten später.

~~~~~~~~~~~~~~~~~~~~~~~~~~~~~~~~~~~~~

Die Seewespe,
eine Würfelquallenart:
Wer von ihr gestochen wird,
hat fast keine
Überlebenschance.
Nach vier Minuten tritt
der Tod ein.

~~~~~~~~~~~~~~~~~~~~~~~~~~~~~~~~~~~~~

Die Taipanschlange: Sie ist 180-mal so giftig wie die Königskobra. Ein Biss kann einen Menschen in drei Sekunden töten.

Die Rotrückenspinne: Der Biss des Weibchens kann tödlich sein. Seit das Gegengift entdeckt wurde, sind keine Todesfälle mehr bekannt geworden.

Der Weberkegel: Dieses Unterwasserwesen kann bis zu zwölf Pfeile verschießen, von denen jeder genug Gift enthält, um einen Menschen in wenigen Minuten zu töten.

Das Salzwasserkrokodil: Es kann schneller schwimmen als ein Mensch, schneller rennen als ein galoppierendes Pferd und tötet innerhalb von Sekunden.

Irukandji-Quallen: Sie haben giftige Tentakel. Wird ein Schwimmer gestochen, kann er einen Herzinfarkt bekommen und sterben.

Der Weiße Hai: Er ist der gefährlichste unter den vielen Haien in australischen Gewässern. Mit seinen furchterregenden Zähnen tötet er sekundenschnell – mit nur einem Biss.

• •

Die Tigerotter: Wird man von dieser Giftnatter gebissen, so tritt der Tod innerhalb von zwölf Stunden ein. Es gibt zwar ein Gegengift, das muss jedoch spätestens 30 Minuten nach dem Biss verabreicht werden. Eine Tigerotter hat genug Gift, um 118 Schafe zu töten.

• •

DAS GROßE KRABBELN

Ein Skorpion kann 200-mal so viel Radioaktivität aushalten wie ein Mensch.

Der längste bisher gefundene Regenwurm war 6,7 Meter lang.

Eine australische Regenwurmart wird drei Meter lang.

Der Hals des männlichen Giraffenkäfers ist doppelt so lang wie sein Körper.

Regenwürmer haben fünf Herzen.

Die seltenste Tausendfüßerart hat etwa 750 Beine.

Manche Bandwürmer fressen Stücke von sich
selbst, wenn sie sonst keine Nahrung finden.

*Hundertfüßer
haben immer eine
ungerade Anzahl
von Beinpaaren.*

*80 Prozent der
Lebewesen auf der
Erde haben sechs
Beine.*

Hirschkäfer haben im Verhältnis zu ihrer
Größe stärkere Kiefer als Menschen.

Wenn man einen Tropfen
Alkohol auf einen Skorpion träufelt,
dreht er durch und sticht sich
selbst zu Tode.

**In einem normalen Bett leben mehr als
sechs Milliarden Staubmilben.**

Spinnen

Die giftigste Spinne ist nicht die Schwarze Witwe, sondern der flügellose Weberknecht. Sein Biss dringt aber nicht durch die Haut eines Menschen, weshalb er für uns ungefährlich ist.

Wenn eine Spinne ihr eigenes Netz zerstört, ist das ein Anzeichen für einen heraufziehenden Sturm.

Die Schwarze Witwe frisst nach der Paarung das Männchen auf.

Spinnen können nicht wie Seidenraupen auf Farmen gezüchtet werden, um Seide im großen Stil herzustellen, weil sie nicht gesellschaftsfähig sind.

Im Verhältnis zu ihrer Größe läuft die gewöhnliche Hausspinne achtmal so schnell wie ein olympischer Läufer.

Der Seidenfaden eines Spinnennetzes ist die stärkste bekannte Naturfaser. Er kann – im Verhältnis zu seiner Dicke – mehr Gewicht tragen als ein Stahlseil.

Ein Spinnennetz ist ein natürliches Gerinnungsmittel. Wird es auf eine Wunde gelegt, hilft es, den Blutfluss zu stoppen.

Wenn eine weibliche Spinne stirbt, wird sie von ihren Jungen gefressen.

Die Trichternetzspinne ist eine der gefährlichsten Spinnen der Welt. Der Biss des Männchens kann einen Menschen in 15 Minuten töten. Seit das Gegengift entdeckt wurde, sind keine Todesfälle mehr bekannt geworden.

Schnecken

Eine Schnecke kann über eine Rasierklinge kriechen,
ohne sich zu verletzen, weil sie schützenden
Schleim absondert.

**Nacktschnecken
haben vier Nasen.**

Die durchschnittliche
Gartenschnecke schafft
eine Höchstgeschwindigkeit
von 0,05 Kilometer
pro Stunde.

Wenn eine Schnecke aus dem Ei schlüpft, ist sie
eine Miniaturversion der erwachsenen Schnecke,
einschließlich Häuschen. Im Laufe der Zeit wächst
das Haus ebenso wie die Schnecke.

Schnecken können bis zu zehn Jahre alt werden.

Eine Schnecke
hat etwa
25 000
Zähne.

Die afrikanische Riesenschnecke wird
30 Zentimeter lang und kann über 500 Gramm
wiegen. Damit ist sie schwerer als der
kleinste Hund der Welt.

**Bei Schnecken liegen die
Fortpflanzungsorgane im Kopf.**

Schnecken können drei Jahre lang schlafen,
ohne zu fressen.

**Die Schnecke kann als einziges Insekt ihre Fühler
einziehen.**

BEI DENEN PIEPT'S WOHL

Der Albatros kann mehrere Tage am Stück auf Luft-strömen gleiten, ohne Pausen einzulegen.

Eulen können als einzige Vögel die Farbe Blau sehen.

Die Eule kann ihre Augen nicht bewegen, aber sie kann als einziges Lebewesen den Kopf um 360 Grad drehen.

Der am häufigsten vorkommende Vogel der Welt ist der Star.

**Der Steinadler kann ein Kaninchen
aus einer Entfernung von
drei Kilometern erspähen.**

Krähen können sowohl niedrigere als auch höhere
Frequenzen hören als Menschen.

**In Peru leben mehr als 1800 Vogelarten, von denen
120 sonst nirgends auf der Welt vorkommen.**

**Emus können nicht
rückwärtsgehen.**

Tauben können als einzige Vögel Wasser trinken,
ohne den Kopf beim Schlucken zu heben. Andere
Vögel brauchen die Hilfe der Schwerkraft, um zu
schlucken.

45

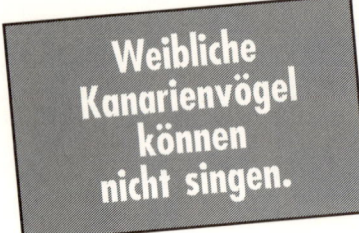

Weibliche Kanarienvögel können nicht singen.

Der australische Leierschwanz ahmt nach, was er hört, und kann alle möglichen Geräusche wiedergeben – das Klingeln einer Autoalarmanlage ebenso wie das Kreischen einer Kettensäge.

Kakadumännchen können sprechen lernen, die Weibchen dagegen zwitschern und singen nur.

Brieftauben orientieren sich an Verkehrsstraßen, um ihren Weg zu finden. Manche fliegen sogar um einen Kreisverkehr herum, bevor sie sich für die Ausfahrt entscheiden, die sie nach Hause bringt.

Das Gehirn eines Spatzen macht vier Prozent seines gesamten Körpergewichts aus (bei uns sind es zwei Prozent).

Starker Schneefall ist lebensgefährlich für Truthähne: Der Schnee bleibt in ihren Atemwegen stecken, sodass sie ersticken.

. . . .

Wilde Truthähne können fliegen, zahme hingegen nicht.

. . . .

Der Kiwi, der Nationalvogel Neuseelands, hat als einziger Vogel die Nasenlöcher an der Spitze des Schnabels. Sein guter Geruchssinn hilft ihm, Nahrung zu finden.

47

Der schnellste Vogel der Welt ist der Wanderfalke. Er kann schneller als 300 Kilometer pro Stunde fliegen.

Die Knochen einer Taube wiegen weniger als ihre Federn.

Hüttensänger sind teilweise farbenblind: Leider ist es die Farbe ihres Federkleids, nämlich Blau, die sie nicht sehen können.

Der in den südamerikanischen Anden lebende Kondor kann 70 Jahre alt werden.

Flamingos können 50 Jahre alt werden.

Tauben können pro Tag 900 Kilometer weit fliegen.

Wilde Truthähne sind friedlich, zahme dagegen aggressiv.

Fischadler kehren jedes Jahr in dasselbe Nest zurück und reparieren alle Schäden, die das Wetter seit ihrem letzten Besuch angerichtet hat.

Geier greifen nie Menschen oder Tiere an, die sich bewegen.

Hast du dich gerade bewegt?

Der Kiwi kann nicht fliegen. Er wohnt in Erdhöhlen, sieht sehr schlecht und legt nur ein Ei pro Jahr.

Der Albatros kann im Flug schlafen.

Eine Taube kann nur dann ein Ei legen, wenn sie eine andere Taube sieht. Sind keine Artgenossen in der Nähe, reicht auch ihr Spiegelbild aus.

Nur männliche Nachtigallen singen.

Flamingos verdanken ihre Farbe ihrer Nahrung. Sie fressen Algen und kleine Krebse, die viele Farbstoffe enthalten.

Der Haubentaucher trägt seine Jungen aus Sicherheitsgründen unter seinem Gefieder versteckt auf dem Rücken.

Hühnerküken atmen schon im Ei. Die Eierschale sieht zwar undurchlässig aus, aber sie hat winzige Poren, durch die Sauerstoff eindringen und Kohlenstoffdioxid nach draußen gelangen kann.

Ein Specht kann 20-mal pro Sekunde hämmern.

Junge Rotkehlchen können pro Tag eine Menge Regenwürmer fressen: Aneinandergelegt sind es etwa 4,25 Meter Regenwurm.

Enten haben drei Augenlider.

Gänse haben oft ihr Leben lang den gleichen Partner und können vor Kummer über den Tod ihres Partners sterben.

Die Turmuhr des Big Ben ging eines Tages fünf Minuten nach, weil sich eine Schar Stare auf dem Minutenzeiger niedergelassen hatte.

Krähen haben im Verhältnis zu ihrem Körper das größte Gehirn von allen Vögeln.

Hühner, die braune Eier legen, haben rote Ohrscheiben.

Der längste aufgezeichnete Flug eines Huhns dauerte 13 Sekunden.

Viele Vögel müssen täglich die Hälfte ihres eigenen Gewichts an Nahrung aufnehmen, um zu über-leben.

Der Kondor kann 15 Kilometer weit fliegen, ohne einmal mit den Flügeln zu schlagen.

Der kleinste Vogel der Welt ist die Bienenelfe, eine Kolibriart: Die Vögelchen werden 5,7 Zentimeter lang und wiegen weniger als eine Ein-Cent-Münze.

In den Sack unter dem Schnabel eines Pelikans passen mehr als zehn Kilo Fisch und Wasser.

Die Schale macht zwölf Prozent des Gewichts eines Eies aus.

Ein Adler kann ein Hirschkalb töten und damit wegfliegen.

52 Je größer das Gehirn eines Vogels im Verhältnis zu seinem Körper ist, desto besser ist sein Immunsystem.

Der Kot, den ein Huhn im Lauf seines Lebens ausscheidet, könnte genug Energie liefern, um eine 100-Watt-Glühbirne fünf Stunden lang zum Leuchten zu bringen.

Der Name Emu ist aus dem portugiesischen Wort für Strauß entstanden.

75 Prozent aller Wildvögel sterben, bevor sie sechs Monate alt sind.

Der Kolibri ist der einzige Vogel, der rückwärtsfliegen kann.

90 Prozent aller Vogelarten bleiben einem Partner ein Leben lang treu. Bei den Säugetieren sind es nur drei Prozent.

Kakadumännchen haben eine schwarze Iris und eine unsichtbare Pupille; die Weibchen haben eine hellere Iris und eine sichtbare Pupille.

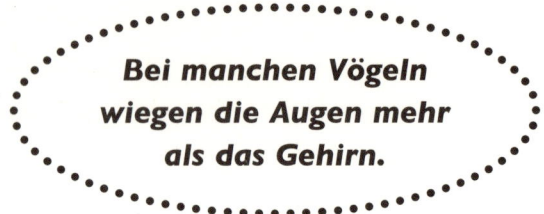

Bei manchen Vögeln wiegen die Augen mehr als das Gehirn.

Der Wanderalbatros beschäftigt sich ein ganzes Jahr mit der Aufzucht seiner Jungen.

Eulen können eine Maus aus 50 Metern Entfernung erkennen, auch wenn das Licht so schwach ist wie der Schein einer Kerze.

Die schwersten fliegenden Vögel der Welt sind die Großtrappe mit 18 Kilo, der Trompeterschwan mit 16,5 Kilo, der Höckerschwan mit 16 Kilo sowie der Albatros und der Singschwan mit je 15,5 Kilo.

Wilde Truthähne sind am Boden sehr schnell. Sie können bis zu 50 Kilometer pro Stunde schnell laufen.

Ein männlicher Zaunkönig baut mehrere Nester als Teil des Balzrituals. Wenn die Nester fertig sind, betrachtet seine Zukünftige alle und wählt eins aus, in das sie ihre Eier legt.

Gänse fliegen in V-Formation, um Energie zu sparen. Ihre Flügelschläge wirbeln Luft auf, sodass ein Aufwind für den unmittelbar folgenden Vogel entsteht. So ist das Fliegen für alle – außer für den Anführer – weniger anstrengend. Daher lösen sich die Gänse während des Flugs an der Spitze ab.

Haubentaucher können 30 Meter tief tauchen und bis zu drei Minuten unter Wasser bleiben. Dort fangen sie Fische, die sie – mit dem Kopf voran – lebendig verschlingen.

Webervogelmännchen, die in Afrika
und Indien leben, bauen komplizierte Nester.
Ein Webervogelweibchen paart sich
nur mit einem Männchen, wenn ihr
sein Nest gefällt.
Wenn sie das Nest ablehnt, muss er es
auseinandernehmen und neu bauen.

Weißkopfseeadler können
schwimmen, indem sie die Flügel
ähnlich wie beim Schwimmstil
„Delfin" bewegen.
Sie bauen außerdem die größten Nester.
Einmal wurde eines gefunden,
das drei Meter breit
und sechs Meter tief war.

Eine Schar Stare fliegt in lockerer Formation.
Wenn jedoch ein Falke auftaucht, verdichtet sich
die Formation, sodass der Falke keinen einzelnen
Vogel angreifen kann.

Strauße

Das Straußenei ist 2000-mal so groß wie das kleinste Ei, nämlich das des Kolibris. Ein Straußenei wiegt 1,2 Kilogramm. Ein Kolibriei hingegen ein halbes Gramm.

Strauße, Hühner und Enten werden gegessen, bevor sie geboren werden und nachdem sie tot sind.

Der Dotter des Straußeneis ist die größte einzelne Zelle der Welt.

Es dauert etwa 40 Minuten, ein Straußenei hart zu kochen.

Um sich abzukühlen,
pinkeln Strauße auf ihre Beine.

Ein Strauß hat nur zwei Zehen.
Die meisten anderen Vögel haben drei
oder vier.

Der Strauß ist der größte lebende Vogel der Welt.
Er liefert als einziger Vogel Leder.

**Ein ausgewachsenes Straußenmännchen
kann 150 Kilogramm wiegen.**

Das Auge eines Straußes ist so groß wie ein Tischtennisball – größer als sein Gehirn.

Mit ihren kräftigen Beinen verteidigen sich Strauße gegen Feinde. Sogar einen Löwen könnten sie mit einem Fußtritt töten.

In Afrika werden Strauße zum Schafehüten eingesetzt.

Strauße gähnen, bevor sie schlafen gehen.

NASS UND GLITSCHIG

Wenn ein Ochsenfrosch gefangen wird, stellt er sich tot, hüpft aber schnell weg, sobald der Fänger loslässt.

Manche Frösche frieren im Eis ein und leben noch, wenn es wieder auftaut.

60 Frösche und Kröten schließen beim Fressen immer die Augen, weil sie ihre Nahrung mit der Rückseite der Augäpfel in den Magen stoßen müssen.

Amphibien können nur schwarz-weiß sehen.
Ihre Augen haben unterschiedliche Formen und
Größen, manche haben quadratische oder herz-
förmige Pupillen.

**Frösche haben Zähne,
Kröten dagegen nicht.**

Im Laufe eines Sommers frisst eine Kröte bis zu 10000 Insekten.

Frösche trinken kein Wasser – sie nehmen es durch die Haut auf.

Kröten fressen nur Beute, die sich bewegt.

Lungenlose Salamander – die größte Salamander-gruppe – atmen durch die Haut, die feucht sein muss, damit Sauerstoff eindringen kann. Wenn die Tiere austrocknen, ersticken sie.

Bergsalamander bringen immer Zwillinge zur Welt.

Der größte Frosch
der Welt
ist größer
als die kleinste
Antilope.

Der Blinde Höhlensalamander kommt mit Augen zur Welt. Wenn das Tier älter wird, wachsen seine Augenlider zusammen.

TIERISCHES DURCHEINANDER

Maulesel: Kreuzung zwischen einem Eselhengst und einer Pferdestute

Maultier: Kreuzung zwischen einem Pferdehengst und einer Eselstute

---

Schiege:
Kreuzung zwischen einem Schaf
und einer Ziege

Zesel:
Kreuzung zwischen einem Zebra
und einem Esel

Wolfshund:
Kreuzung zwischen einem Wolf
und einem Hund

Liger:
Kreuzung zwischen einem männlichen Löwen
und einem weiblichen Tiger

Töwe:
Kreuzung zwischen einem männlichen Tiger
und einer Löwin

Kama:
Kreuzung zwischen einem Kamel
und einem Lama

Wolfin:

Kreuzung zwischen einem Wal
und einem Delfin

Dzo:

Kreuzung zwischen einem Yak
und einer Kuh

ES KLAPPERTE DIE KLAPPERSCHLANGE ...

Die argentinische Krötenechse kann eine Maus mit einem Happs verschlucken.

Wenn eine Krötenechse wütend wird, spritzt sie Blut aus den Augen.

Geckos können an der Zimmerdecke entlanglaufen, weil sie Hafthärchen an den Zehen haben, die wie Saugnäpfe wirken.

Die Zunge eines Chamäleons ist doppelt so lang wie sein Körper. Es rollt seine Zunge aus, um Nahrung aus einiger Entfernung heranzuholen.

Chamäleons können ihre Augen unabhängig voneinander bewegen: Ein Auge kann zum Beispiel nach vorne und das andere gleichzeitig nach hinten schauen.

Wenn eine Echse ihren Schwanz verliert, so wächst ihr in der Regel innerhalb eines Monats ein neuer.

Auch ein blindes Chamäleon kann seine Farbe passend zur Umgebung verändern.

Ein Leguan kann bis zu 30 Minuten unter Wasser bleiben.

Die Tuatara-Echse in Neuseeland hat drei Augen: zwei an den üblichen Stellen und noch eins oben am Kopf.

Schlangen

Die meisten Schlangen legen Eier. Die Anakonda, eine der größten Schlangen der Welt, bringt dagegen lebende Junge zur Welt, die innerhalb weniger Stunden jagen, schwimmen und für sich selbst sorgen können.

Manche Schlangen können ein Jahr ohne Nahrung auskommen.

Manchmal bringen Schlangen Junge mit zwei Köpfen zur Welt. Obwohl solche Schlangen nur einen Magen haben, kämpfen ihre Köpfe miteinander um Nahrung.

Klapperschlangen versammeln sich zum Winterschlaf in Gruppen. Bis zu 1000 Tiere rollen sich zusammen, um einander warm zu halten.

Schlangen haben keine Augenlider. Deshalb können sie weder die Augen schließen noch blinzeln. Stattdessen schützt eine Schicht transparenter Schuppen ihre Augen, der sogenannte Ocularschild.

Schlangen hören mit dem Kiefer.

Klapperschlangen werden ohne Klappern geboren.

Wenn eine Schlange die Zunge herausstreckt, riecht sie: Sie nimmt chemische Stoffe in der Luft wahr.

Schlangen können Knochen und Zähne verdauen, Pelz und Haare jedoch nicht.

Die meisten Schlangen atmen nur mit dem rechten Lungenflügel. Der linke Teil ihrer Lunge ist entweder sehr klein oder fehlt ganz.

Die Schmuckbaumnatter, die in Java und Malaysia lebt, kann von Baum zu Baum segeln, indem sie ihren Körper flach und breit macht.

Die Seitenwinder-Klapperschlange bewegt sich vorwärts, indem sie mit dem ganzen Körper in der Luft eine Schlinge bildet und sich dann wieder flach ausstreckt. Ihre Spur sieht aus wie eine Reihe von geraden Linien, die im rechten Winkel zu der Richtung verlaufen, in die sich die Schlange fortbewegt.

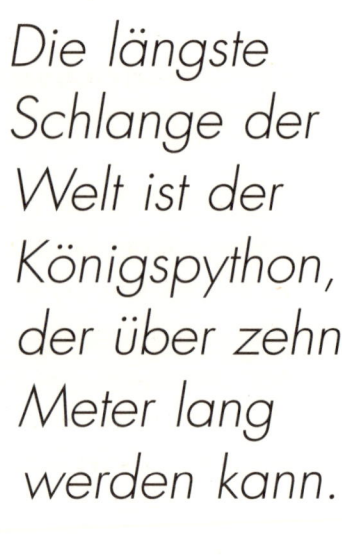

Die längste Schlange der Welt ist der Königspython, der über zehn Meter lang werden kann.

Wenn Baumschlangen miteinander kämpfen, versuchen sie einander zu verschlingen.

Schlangen pinkeln nicht. Sie scheiden Harnsäure in fester Form aus, die weiß und kalkig aussieht.

Eine Schlange braucht etwa 50 Stunden, um einen Frosch zu verdauen.

• •

Ein Python kann ein Schwein ganz verschlucken.

• •

Der Rockstar Alice Cooper legte sich gern eine Boa constrictor um den Hals, wenn er auf der Bühne stand. Eines Tages übte er in seinem Hotelzimmer und die Schlange zog sich um seinen Hals zusammen. Der Leibwächter konnte die Schlange nicht dazu bewegen, locker zu lassen, also nahm er sein Taschenmesser und schnitt ihr den Kopf ab.

Die Anakonda wird auf Tamilisch Elefantentöter genannt und auf Spanisch Stiertöter.

Krokodile

Wer von einem Krokodil verfolgt wird, sollte Haken schlagen, denn Krokodile können keine scharfen Wendungen machen. Wird man doch erwischt, drückt man ihm die Daumen in die Augen. Es öffnet dann sofort das Maul und lässt sein Opfer laufen.

Wie groß ein Krokodil wird, hängt von der Größe des Gewässers ab, in dem es aufwächst.

Krokodile schlucken Steine, damit sie tiefer tauchen können.

Krokodile können den Kiefer nicht seitwärts bewegen und daher nicht kauen. Sie beißen ein Stück Nahrung ab und verschlingen es ganz.

Krokodile und Bullen sind farbenblind.

Krokodile können fast 20 Kilometer pro Stunde schnell laufen.

Krokodile können die Zunge nicht herausstrecken. Das ist eine Selbstschutzmaßnahme: Mit ihren scharfen Zähnen und starken Kiefern würden sie sich sonst die eigene Zunge abbeißen.

Ein Alligator nutzt in seinem Leben 2000 bis 3000 Zähne ab.

In Afrika werden mehr Menschen von Krokodilen getötet als von Löwen.

Ein neugeborenes Krokodil ist dreimal so lang wie das Ei, aus dem es geschlüpft ist.

Weibliche Alligatoren beschützen ihre Jungen bis zu zwei Jahre, nachdem sie geschlüpft sind (so viel mütterliche Fürsorge ist bei Reptilien sonst unüblich).

Das Leistenkrokodil ist die größte Krokodilart.

Alligatoren können sich nicht rückwärts bewegen.

Das Nilkrokodil kann in freier Wildbahn 45 Jahre alt werden, in Gefangenschaft sogar 80.

Australische Krokodilfarmen exportieren pro Jahr etwa 5000 Krokodilhäute. Die meisten gehen nach Paris, wo eine Handtasche aus Krokoleder über 6000 Euro kosten kann.

Schildkröten

Der Panzer von Schildkröten ist so hart, dass sich ihr Brustkorb nicht heben und senken kann. Daher atmen manche Schildkrötenarten durch den Po.

Schildkröten können über 100 Jahre alt werden. Manche haben es schon auf 150 gebracht.

Die Galapagosschildkröte braucht bis zu drei Wochen, um eine Mahlzeit zu verdauen.

Meeresschildkröten, Meerechsen, Salzwasserkrokodile und Seeschlangen sind die einzigen noch lebenden Reptilien, die an das Leben im Salzwasser angepasst sind.

75

Man kann das Geschlecht einer Schildkröte an den Geräuschen erkennen, die sie von sich gibt: Männchen grunzen, Weibchen zischen.

Landschildkröten sind die langlebigsten Tiere der Welt. Die Schildkröte Harriet starb 2006 im Alter von ca. 175 Jahren. Angeblich wurde sie von Charles Darwin von den Galapagos-Inseln nach England gebracht, bevor sie 1842 nach Australien auswanderte. Leider hat sie keine Geburtsurkunde, weshalb es schwer ist, ihr Alter genau zu bestimmen.

Die Suppenschildkröte vergießt Tränen, wenn sie am Strand ihre Eier ablegt. Damit wäscht sie Sandpartikel aus ihren Augen und entfernt überschüssiges Salz aus ihrem Körper.

Ob eine Meeresschildkröte männlich oder weiblich ist, hängt davon ab, wie warm der Sand war, in dem das Ei ausgebrütet wurde. **Temperaturen über 29°C bringen mehr Weibchen hervor, niedrigere Temperaturen hingegen mehr Männchen.**

EISBÄREN SIND LINKSHÄNDER

In der Antarktis gibt es keine einheimischen pelzigen Tiere.

Männliche Kaiserpinguine tragen die Eier ihrer Partnerin 60 Tage oder länger auf ihren Füßen in einer Hautfalte, um sie zu wärmen. Während dieser Zeit fressen sie nicht und nehmen dramatisch ab. Nachdem die Küken geschlüpft sind, kehrt der weibliche Pinguin zurück und kümmert sich um den Nachwuchs. Nun kann das Männchen Urlaub machen – schwimmen, fressen, ausruhen.

In Alaska leben fast doppelt so viele Karibus wie Menschen.

Das Geweih eines männlichen Elchs wird über zwei Meter breit. Das Elchgeweih besteht aus den am schnellsten wachsenden Zellen im Tierreich.

Eisbären können einen Menschen aus 30 Kilometern Entfernung riechen.

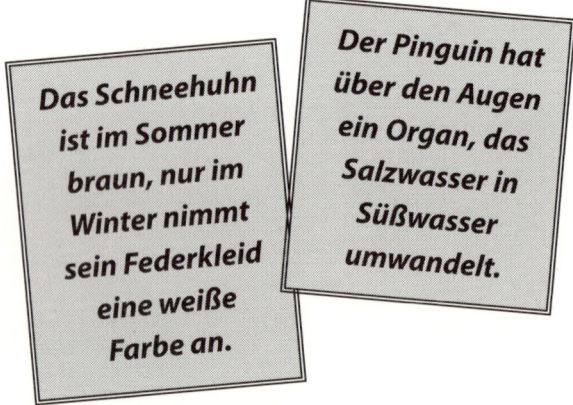

Das Schneehuhn ist im Sommer braun, nur im Winter nimmt sein Federkleid eine weiße Farbe an.

Der Pinguin hat über den Augen ein Organ, das Salzwasser in Süßwasser umwandelt.

Rentiere haben Duftdrüsen zwischen den hinteren Zehen. Damit hinterlassen sie nach Käse riechende Duftspuren, denen die Herde folgen kann.

Nur bei den Rentieren trägt auch das Weibchen ein Geweih.

Eisbärleber enthält so viel Vitamin A, dass ein Mensch sterben könnte, wenn er sie essen würde.

Um sich in einer verschneiten Gegend besser zu tarnen, bedecken Eisbären ihre schwarze Nase mit den Tatzen.

Rentiere mögen Bananen.

Fast alle Eisbären sind Linkshänder.

Elchbullen werfen jedes Jahr im Winter ihr Geweih ab und bilden im folgenden Jahr ein neues.

Elche sehen nicht sehr gut. Manchmal gehen sie auf ein Auto zu, weil sie es für einen anderen Elch halten.

79

VON BELLO, MIEZI & CO.

Goldfische sind die beliebtesten Haustiere.
Der älteste Goldfisch wurde 41 Jahre alt.

Alle weltweit im Haus gehaltenen Hamster
stammen von einem wilden Goldhamsterweibchen
ab, das 1930 mit einem Wurf von zwölf Jungen in
Syrien gefunden wurde.

Das Ryukyu-Kaninchen und das mexikanische Vulkankaninchen gehören zu den seltensten Säugetieren der Welt.

Ein Kaninchen macht etwa 18 Nickerchen am Tag.

Papageien, die für ihre Sprachkünste berühmt sind, können einen Wortschatz von bis zu 20 Wörtern haben.

Papageien und Kaninchen können sehen, was hinter ihnen passiert, ohne den Kopf zu drehen.

Goldfische
könnten
seekrank
werden.

Goldfische, die in einem dunklen Raum gehalten werden, färben sich nach einer Weile weiß.

1859 brachte ein Farmer 24 Wildkaninchen nach Australien. Weil es für sie dort keine natürlichen Feinde gab, vermehrten sie sich rasant. Heute leben schätzungsweise 300 Millionen Kaninchen in Australien.

Der Hochsprungrekord der Kaninchen liegt bei 1,5 Metern.

Zahme Papageien vertragen fast alle Lebensmittel, die auch wir essen – mit Ausnahme von Schokolade und Avocados, die für Papageien äußerst giftig sind.

Der Kea (Bergpapagei) aus Neuseeland frisst gerne die Gummidichtungen von Autofenstern.

Hamster fressen gerne Grillen.

Hamster blinzeln mit jedem Auge einzeln.

Hunde

Als Ella Wendel 1931 in New York starb, hinterließ sie ihrem Pudel über 15 Millionen Dollar.

Hunde können zweieiige Zwillinge am Geruch unterscheiden, eineiige dagegen nicht.

Speziell trainierte Hunde können ihr Herrchen oder Frauchen warnen, bevor er oder sie einen epileptischen Anfall bekommt.

Am Ende des Ersten Weltkriegs wurden in Deutschland die ersten Blindenhunde ausgebildet, um Kriegsveteranen zu helfen.

Hunde können Mandelentzündung bekommen, aber keine Blinddarmentzündung: Sie haben nämlich keinen Blinddarm.

Am häufigsten beißen Hunde der folgenden Rassen: Schäferhunde, Chow-Chows und Pudel.

Am seltensten beißen Hunde dieser Rassen: Golden Retriever, Labrador und Bobtail.

84   Die intelligentesten Hunderassen sind: Border Collie, Pudel, Schäferhund und Golden Retriever.

Drei von zehn Dalmatinern leiden unter Gehörschäden.

Hunde müssen keine Früchte fressen, um ausreichend Vitamine zu sich zu nehmen. Denn ihr Körper kann Vitamin C selbst herstellen.

Das einzige Land mit einem Nationalhund sind die Niederlande mit dem Keeshond.

In Japan werden Toupets für Hunde verkauft.

Greyhounds können besser sehen als alle anderen Hunde.

In Paris leben angeblich mehr Hunde als Menschen.

Am Nasenabdruck kann man einen Hund zweifelsfrei identifizieren.

Katzen

Neugeborene Kätzchen sind blind und taub. Der Seh- und Gehörsinn entwickelt sich bei Katzen als Letztes.

Katzen stellen mithilfe der Schnurrhaare fest, ob eine Öffnung breit genug ist, um hindurchzuschlüpfen.

Katzen können über 100 Stimmlaute von sich geben, Hunde nur zehn.

**Das Frettchen wurde bereits
500 Jahre vor der Katze domestiziert.**

Katzen haben ein besseres Gedächtnis als Hunde. Experimente an einer amerikanischen Universität haben gezeigt, dass Hunde sich fünf Minuten lang an Dinge erinnern können, Katzen hingegen 16 Stunden.

Katzen können mit ausschließlich vegetarischem Futter nicht überleben.

Wildkatzen halten ihren Schwanz beim Gehen waagrecht oder klemmen ihn zwischen die Beine.

Die größten Mitglieder der Katzenfamilie sind der sibirische und der bengalische Tiger.

Der Gepard kann als einzige Katze seine Krallen nicht einziehen.

Vor 4000 Jahren stand in Ägypten die Todesstrafe auf das Töten einer Katze.

☞ Katzen können Ultraschall hören.

☞ Katzen können ihren Kiefer nicht seitwärts bewegen.

☞ Katzen schmecken nicht, ob ihr Futter süß ist.

☞ Eine Katze hat 32 Muskeln in jedem Ohr.

Die durchschnittliche Lebenserwartung einer Katze liegt zwischen 13 und 17 Jahren (je nach Rasse und Geschlecht).

Der größte bisher beobachtete Wurf einer Katze bestand aus 19 Jungen. Vier davon kamen allerdings tot zur Welt.

Katzen bewegen beim Gehen oder Rennen gleichzeitig die beiden linken Beine, dann die beiden rechten Beine. Außer ihnen bewegen sich so nur Giraffen und Kamele fort.

Ragdolls sind die größten Zuchtkatzen der Welt.

Die Hauskatze ist die einzige Katzenart, die ihren Schwanz beim Gehen aufrecht halten kann.

In der Bibel wird keine einzige Katze erwähnt.

Berühmte Katzenhasser sind zum Beispiel der Komponist Johannes Brahms, die Königin von England, der französische Kaiser Napoleon und Batman (aus beruflichen Gründen).

Hauskatzen schnurren mit einer Frequenz von etwa 26 Hertz, ungefähr auf der gleichen Frequenz wie ein Dieselmotor im Leerlauf.

In Südengland war es üblich, Katzen zu mumifizieren und in die Wände einzumauern, um böse Geister zu vertreiben.

Hauskatzen sind sehr reinlich und halten ihr Fell trocken. Dadurch lädt es sich leicht elektrisch auf, und wenn man im Dunkeln darüberstreicht, kann man Funken fliegen sehen.

Katzen müssen einen Stoff namens Tryptophan aufnehmen, der in Milch, Eiern und Geflügel enthalten ist, damit sie gut schlafen. Ohne diesen Stoff leiden sie unter Schlaflosigkeit.

Im Zweiten Weltkrieg diente auf dem deutschen Schlachtschiff Bismarck ein Kater namens Oskar. Als die Bismarck von einem Torpedo getroffen wurde, rettete ein britischer Seemann des gegnerischen Schlachtschiffs Cossack den Kater. Fünf Monate später wurde die Cossack versenkt, aber Oskar wurde von der Besatzung der Ark Royal aus dem Wasser gefischt. Nur drei Wochen später zerstörte ein deutsches U-Boot die Ark Royal, und Oskar wurde wieder gerettet.

Von da an lebte Oskar an Land und starb viele Jahre später friedlich.

Im Verhältnis zu ihrer Körpergröße haben Katzen die größten Augen unter allen Säugetieren.

ACHTUNG, GIFTIG!

**Der nordamerikanische Kupferkopf ist giftig und
riecht nach frisch geschnittenen Gurken.**

Wissenschaftler haben herausgefunden, dass Kröten
in Madagaskar gezielt Insekten fressen, die reichlich
giftige Alkaloide enthalten. Diese werden in den
Hautdrüsen der Kröte gespeichert und bei Gefahr
abgesondert. Wenn Giftkröten andere Nahrung
bekommen – zum Beispiel in Gefangenschaft –
hören sie auf, giftig zu sein.

Auf der Insel Tasmanien gibt es nur drei Schlangenarten. Alle drei sind tödlich giftig.

Viele behaarte Raupen enthalten einen Giftstoff, der Menschen bei Berührung Schmerzen verursacht.

Der Inlandtaipan ist die giftigste Schlange der Welt. Das Gift, das sie mit einem einzigen Biss absondert, reicht aus, um 200 000 Mäuse zu töten.

Kröten haben trockene, warzige Haut, einen unauffällig gefärbten, dicken Körper und Giftdrüsen hinter den Augen. Sie gehen oder watscheln, Frösche dagegen hüpfen.

Der Zweifarbenpitohui in Papua-Neuguinea ist einer der wenigen giftigen Vögel überhaupt. Der Zweifarbenpitohui ist ein Singvogel mit schwarzen und orangefarbenen Federn. Er bekommt sein Gift vermutlich von einem Käfer, den er frisst. Das Gift wird in seiner Haut und den Federn eingelagert und ruft bei Berührung ein Taubheitsgefühl und Kribbeln hervor.

93

KLEIN, ABER OHO

Die Farbe von Kopfläusen hängt mitunter von der Haarfarbe des Menschen ab, auf dem sie leben.

Die Seidenraupe hat elf Gehirne. Aber sie nutzt nur fünf davon.

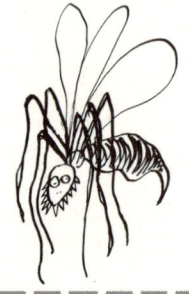

Mittel, die Mücken abhalten sollen, vertreiben die Mücken nicht, sondern vernebeln ihre Sinne. Infolgedessen können sie Menschen nicht mehr orten.

Monarchfalter wandern von Südkanada nach Zentralmexiko über eine Entfernung von 2750 Kilometer. Sie wiegen 0,5 Gramm, fliegen mit einer Geschwindigkeit von 30 Kilometer pro Stunde und erreichen eine Flughöhe von 3000 Metern.

Termiten fressen ein Haus doppelt so schnell auf, wenn man ihnen laute Musik vorspielt.

~~~~~~~~~~~~~~~~~~

Motten haben keinen Magen.

~~~~~~~~~~~~~~~~~~

Auf einem Quadratkilometer Erde im ländlichen Raum leben mehr Insekten als Menschen auf der ganzen Welt.

Eine am Sonntag geborene Florfliege kann am Mittwoch bereits Großmutter sein.

Es gibt mehr als 1800 bekannte Floharten.

Ein Floh kann 350-mal so weit springen, wie er lang ist.

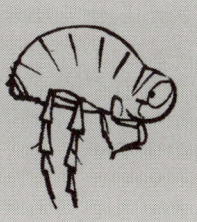

Vom Schlüpfen bis zur Verpuppung wächst der Körper einer Raupe um das 30 000-Fache.

Eine durchschnittliche Raupe hat 2000 Muskeln in ihrem Körper (wir haben 656).

◎ **Grillen hören mit den Knien.**

◎ **Raupen haben zwölf Augen.**

Ich
seh dich!

Kakerlaken können mehrere Tage
ohne Kopf weiterleben.

◉◉◉

Der Grashüpfer braucht eine Lufttemperatur
von mindestens 16°C, um zu springen.

Das Lebewesen mit dem
größten Gehirn im Verhältnis
zu seiner Körpergröße ist
die Ameise.

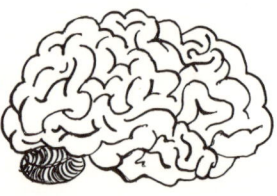

Wer nachts am Selangor, einem Fluss bei Kuala
Lumpur in Malaysia, entlanggeht, kann
Tausende von Glühwürmchen sehen, die wie eine
Weihnachtsbeleuchtung blinken. Die Wissenschaft
96 kann diesen Effekt nicht erklären. Schlaue Dorf-
bewohner sperrten die Glühwürmchen früher in
Flaschen und verwendeten sie als Lampen.

Erwachsene Ohrwürmer können bis zu 24 Stunden im Wasser treiben.

Wenn sich eine Kakerlake ein Bein bricht, wächst ihr einfach ein neues nach.

Kakerlaken können 15 Minuten unter Wasser bleiben.

Ameisen können ihre Nahrung nicht kauen.

Zusammen wiegen alle Termiten der Welt zehnmal so viel wie alle Menschen der Welt.

Australische Termiten bauen sechs Meter hohe und 30 Meter breite Hügel.

Amazonenameisen können nichts als Kämpfen. Deshalb rauben sie die Larven anderer Ameisen und halten sie als Sklaven.

Wenn eine Stubenfliege gefressen hat, würgt sie die Nahrung wieder heraus und frisst sie noch einmal.

Pro Mensch gibt es etwa 200 Millionen Insekten auf der Welt.

Jedes Jahr fressen Insekten etwa zehn Prozent der Nahrungsvorräte der Welt.

Kakerlaken fressen gern den Klebstoff auf der Rückseite von Briefmarken.

Jedes Auge einer Libelle enthält 30 000 Linsen.

Die Fauchschabe auf Madagaskar bringt lebende Junge zur Welt und legt keine Eier. Es gibt nur sehr wenige Insekten, die das tun.

Die Kakerlake ist das schnellste Wesen auf sechs Beinen: Sie kann einen Meter pro Sekunde zurücklegen.

Stechmücken werden von der Farbe Blau besonders stark angezogen.

**Stechmücken werden besonders von Menschen
angelockt, die vor Kurzem Bananen gegessen
haben.**

Männliche Ameisen entwickeln sich aus unbe-
fruchteten Eiern. Ameisenköniginnen und Arbeiterinnen entwickeln sich aus befruchteten Eiern.

Es gibt 3000 Läusearten.

Motten können einzelne Moleküle riechen.

Insekten haben gelbes Blut. (Das Blut von
Säugetieren ist rot, das eines Hummers blau.)

**Die Eintagsfliege
wird wirklich nur
einen Tag alt.**

Raubameisen überfallen die Bauten anderer Ameisenstämme, töten die Königin und entführen die Arbeiterinnen.

Eine parasitäre Wespe aus Tansania ist das kleinste geflügelte Insekt der Welt. Sie ist kleiner als das Auge einer Stubenfliege.

Nur ausgewachsene, männliche Grillen können zirpen.

Die größten Insekten, die je gelebt haben, waren Riesenlibellen mit einer Flügelspannweite von 91 Zentimetern.

Die Venusfliegenfalle, eine fleischfressende Pflanze, braucht weniger als eine halbe Sekunde, um sich über einem Insekt zu schließen.

Die Sensoren an den Beinen des Schmetterlings Admiral reagieren 200-mal so empfindlich auf Zucker wie die Zunge eines Menschen.

Die schnellsten Schmetterlinge sind die Schwärmer: Sie erreichen Geschwindigkeiten von bis zu 60 Kilometer pro Stunde.

Ein großer Schwarm Heuschrecken kann an einem Tag 80 000 Tonnen Getreide fressen.

Früher wurden Maden eingesetzt, um eine Knochenmarksentzündung zu behandeln, die sogenannte Osteomyelitis.

Stubenfliegen summen den Ton F.

Das einzige, was Kakerlaken nicht fressen, sind Gurken.

Das größte Insekt der Erde ist der Käfer Megasoma actaeon aus Südamerika, der neun Zentimeter lang, fünf Zentimeter breit und vier Zentimeter dick wird.

Das schwerste Insekt ist mit 100 Gramm Körpergewicht der Goliathkäfer.

Insekten zittern, wenn sie frieren.

Termiten richten in den USA jedes Jahr mehr Schaden an als alle Feuer, Stürme und Erdbeben zusammen.

Tarantelmütter töten 99 Prozent der Jungen, die aus ihren Eiern schlüpfen.

Ameisenbären fressen lieber Termiten als Ameisen.

Eine Stechmücke hat 47 Zähne.

Eine Ameise kann das 50-Fache ihres Körpergewichts tragen und das 30-Fache ihres Körpergewichts ziehen.

Termitenköniginnen können bis zu 100 Jahre alt werden.

Die Gottesanbeterin ist das einzige Insekt, das seinen Kopf drehen kann, ohne den Körper zu bewegen.

Mexikanische Springbohnen springen, weil Schmetterlingslarven darin leben.

Taranteln können bis zu zwei Jahre ohne Nahrung überleben.

Ameisen können zwei Wochen unter Wasser überleben.

Bienen

Bienen stechen mit größerer Wahrscheinlichkeit an windigen Tagen.

Jedes Jahr werden mehr Menschen von Bienen getötet als von Schlangen.

Das Geräusch, das Bienen, Stechmücken und andere summende Insekten verursachen, entsteht durch die schnelle Bewegung ihrer Flügel.

Wenn die jungen Königinnen geschlüpft sind, vernichtet eine von ihnen alle anderen, um allein zu herrschen.

- ☛ Eine Bienenkönigin legt pro Tag etwa 1500 Eier.

- ☛ Bienen schlüpfen in ausgewachsener Form.

- ☛ Alle Arbeitsbienen sind weiblich.

- ☛ Früher wurden Schnitt- und Brandwunden mit Honig behandelt.

Bienen schlagen
11 400-mal
pro Minute
mit den Flügeln.

Die Honigbiene liefert als einziges Insekt
ein Erzeugnis, das Menschen essen.

- -

Honig hält sich ewig.
Ein Forscher fand einen 2000 Jahre
alten Topf mit Honig in einem
ägyptischen Grab und stellte fest, dass
er wunderbar schmeckte.

- -

Die alten Römer konnten ihre Steuern nicht nur
mit Gold, sondern auch mit Honig bezahlen.

Eine durchschnittliche
Biene liefert in ihrem Leben nur einen
zwölftel Teelöffel Honig.

Bei einem Sammelflug besucht eine Honigbiene
50 bis 100 Blüten.

SCHMECKT'S ?

Nationale Spezialitäten

Schweineinnereien in Blutsauce
(Philippinen)

❡

Gebackene Fledermaus
(Samoa)

❡

Knusprig gebratene Termiten
(Swasiland)

❡

Gebratene Feldmäuse
(Mexiko)

Webermotten im Nest
(Zaire)

❀

**Papageienauflauf
(wörtlich übersetzt: „Zwölf
Wellensittiche")**
(Australien)

❀

Bienenlarven in Kokoscreme
(Thailand)

❀

**Meerschweinchen
auf kreolische Art**
(Peru)

❀

Termitenköniginnen
(Südafrika)

❀

Kalbseuterkroketten
(Frankreich)

❀

In Kokosmilch marinierter Hund
(Indonesien)

Mäuse in Sahne
(Arktis)

❦

Stareneintopf mit Oliven
(Türkei)

❦

Geschmorte Rohrratte
(Ghana)

❦

Schwimmkäfer-Cocktailsauce
(Laos)

❦

Schildkrötenragout
(Mexiko)

❦

Gefüllte Bärentatze
(Rumänien)

❦

Sauce aus Roten Ameisen
(Indien)

❦

Gebackene Bisamratte
(Kanada)

Roher Krake

(Hawaii)

✺

Kalbslunge und -herz in Paprikasauce

(Ungarn)

✺

Fuchszunge

(Japan)

✺

Schweinekopf

(Irland)

✺

Suppe aus Seidenraupen-Puppen

(Vietnam)

✺

Schildkröten-Schmortopf

(Fidschi)

✺

Lämmerschwanz in Honig

(Marokko)

✺

Sonnengetrocknete Maden

(China)

Weihnachtsgerichte aus aller Welt

Ungarn
Fischsuppe und gebackener Fisch

Russland
Gans und Ferkel

Island
Geräuchertes Lammfleisch

Jamaika
Ziegencurry, Reis und Straucherbsen

Lettland
Wurst, Kohl und braune Erbsen in Schweinebratensauce

Nicaragua
gefülltes Huhn mit Obst und Gemüse

Dänemark
Entenbraten

Finnland

**Putenschmortopf mit Möhren,
Makkaroni, Kartoffeln
und Steckrüben**

Deutschland

Gänsebraten

Grönland

Seevögel in Robbenhaut

Luxemburg

Wild, Hase und Blutwurst

Norwegen

**Kabeljau oder Schellfisch und
Weihnachts-Hackbraten**

Brasilien

**In Rum marinierter Putenbraten
und Schinken mit buntem Reis**

Tschechische Republik

**Fischsuppe, Salat, Karpfen
und Eier**

200 000 GLÄSER MILCH

Eine Kuh gibt im Lauf ihres Lebens etwa 200 000 Gläser Milch.

Kühe können Gerüche aus über zehn Kilometern Entfernung wahrnehmen.

**Es gibt mehr als 150 Pferderassen.
In China leben die meisten Pferde der Welt:
fast elf Millionen.**

Kühe und Pferde schlafen im Stehen.

Schweine schlafen auf der rechten Seite.

Schafe trinken nicht aus fließenden Gewässern.

In Somalia leben mehr Ziegen als Menschen.

Bei Höchstgeschwindigkeit läuft ein Schwein gut einen Kilometer in fünf Minuten.

Ein Pferd frisst pro Jahr das Siebenfache seines Körpergewichts.

In den letzten 4000 Jahren wurde keine neue Tierart mehr domestiziert.

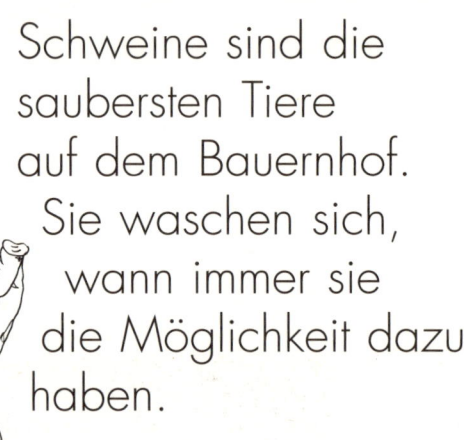

Schweine sind die saubersten Tiere auf dem Bauernhof. Sie waschen sich, wann immer sie die Möglichkeit dazu haben.

Wenn ein Schwein krank ist, ringelt sich sein Schwänzchen nicht mehr.

Die Flecken einer Holsteiner Kuh sind einzigartig – es gibt keine zwei Kühe mit demselben Fleckenmuster.

Außer dem Menschen bekommt nur das Schwein Sonnenbrand.

Im Alter von sechs Monaten hat ein Ferkel sein Gewicht schon versiebentausendfacht.

Die Pupillen in den Augen von Schafen und Ziegen sind rechteckig.

Eine Milchkuh produziert pro Jahr das Vierfache ihres Körpergewichts an Dung.

Esel versinken im Treibsand, Maultiere nicht.

In diesen Ländern gibt es mehr Schafe als Einwohner:

Australien ✿ Falklandinseln
Island ✿ Irland ✿ Mauretanien
Mongolei ✿ Namibia
Neuseeland ✿ Turkmenistan
Sudan ✿ Urugay

In diesen Ländern gibt es mehr Schweine als Einwohner:

Dänemark ✿ Samoa
Wallis und Futuna ✿ Tuvalu

In diesen Ländern gibt es mehr Kühe als Einwohner:

Argentinien ✿ Australien ✿ Botswana
Brasilien ✿ Irland
Mongolei ✿ Namibia
Neuseeland ✿ Paraguay ✿ Uruguay

LEIDER (SCHON) AUSGESTORBEN

Der erste Dinosaurier tauchte vor etwa 225 bis
230 Millionen Jahren auf. Der sogenannte Stauriko-
saurus lebte für 5 Millionen Jahre auf der Erde.

Die Dinosaurier lebten über 150 Millionen Jahre
lang auf der Erde. Das ist etwa fünfundsieb-
zigmal so lang, wie es den Menschen bisher gibt.

**Dinosaurier fraßen kein Gras –
das gab es damals noch nicht.**

Manche Dinosaurier hatten einen 12 bis 13 Meter langen Schwanz.

Die Dinosauriergeräusche in „Jurassic Park" stammen von Elefanten, Gänsen und Pferden (stark verlangsamt).

Fossilien zeigen, dass es Haie schon vor den Dinosauriern gab.

Die meisten Dinosaurier waren nicht größer als Hühner.

In Argentinien wurden einige der ältesten Dinosaurierfossilien gefunden, darunter die des größten Landtiers, das je gelebt hat: des Argentinosaurus.

BLUBB, BLUBB

Ein Wels hat mit über 27 000 Geschmacksknospen mehr als jedes andere Lebewesen.

Fischer bringen Sardinen dazu, an die Oberfläche zu kommen, indem sie mit den Füßen auf den Boden ihres Boots stampfen. Dann brauchen sie den Schwarm nur noch an Bord zu hieven.

Wenn Seepferdchen an einer Stelle bleiben wollen, halten sie sich mit ihrem Schwanz an Algen fest.

Ein männlicher Seelöwe kann drei Monate lang ohne Futter auskommen.

Delfine hören vierzehnmal so gut
wie Menschen.
Das Gehör eines Delfins ist so scharf,
dass er ein Geräusch unter Wasser
aus über 20 Kilometern Entfernung
hören kann.

Robben schlafen in Intervallen von eineinhalb
Minuten.

**Ein Blutegel
hat 32 Gehirne.**

**Seesterne haben
kein Gehirn.**

Bei der Paarung beißt das Männchen des kalifornischen
Seeotters das Weibchen in die Nase.

**Biberzähne sind so scharf,
dass die Indianer sie früher als
Messerklingen verwendeten.**

**Der Seestern kann als einziges Lebewesen seinen
Magen nach außen stülpen.**

Ein Biber kann mehr als 200 Bäume pro Jahr fällen.

Seeotter leben im Wasser, aber ihre Haut wird nie nass, weil sie darüber zwei Fellschichten tragen.

Auf den Philippinen sind fast alle Korallenarten der Welt beheimatet (insgesamt gibt es mehr als 500 verschiedene Arten).

Blutegel können das Fünffache ihres Körpergewichts an Blut trinken.

Meerbarben verfärben sich erst rot, wenn sie tot sind.

Bei den Seepferdchen trägt das Männchen die Eier, nicht das Weibchen.

Männliche Fische stoßen Luftblasen aus, wenn sie sich paaren möchten.

Delfine können bis zu sechs Meter hoch springen.

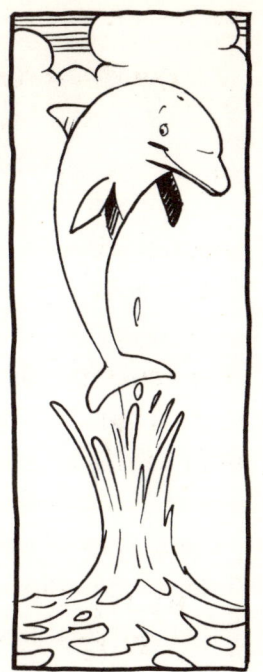

Die Weddellrobbe kann unter Wasser über zehn Kilometer zurücklegen, ohne zum Atmen aufzutauchen.

Fische haben Augenlider.

Fische können husten.

123

Wird einem Seestern ein Arm abgerissen, wächst dieser manchmal wieder nach.

Der langsamste Fisch ist das Seepferdchen, das sich mit etwa 0,02 Kilometern pro Stunde fortbewegt.

Der nächste Verwandte der Seekuh ist der Elefant.

Der Froschwels kann an Land überleben.

Zitteraale sind in der Lage, Stromstöße zu erzeugen. Je größer ein Zitteraal ist, desto stärker ist seine Ladung. Er kann seine Opfer aus einigen Metern Entfernung betäuben. Der Schlag eines drei Meter langen Zitteraals kann sogar einen Menschen betäuben. Der Aal nutzt die stromerzeugenden Organe auch zum Sehen: Die Elektrosensoren senden Impulse aus, die von den Gegenständen in der Umgebung reflektiert werden.

Im Gegensatz zu anderen Fischen können Zitteraale nicht genug Sauerstoff aus dem Wasser aufnehmen. Etwa alle fünf Minuten müssen sie an die Oberfläche kommen, um Luft zu holen, sonst ertrinken sie.

Wie alle sehr fetthaltigen Fische sind Sardinen (vor allem frische) gut für das Gehirn und das Herz. 1987 ergab eine Studie mit Kindern, dass regelmäßiges Sardinenessen das Gedächtnis verbessern kann.

Sardinen sind empfindliche Fische. Wenn in ihrem Gebiet eine Seeschlacht ausgefochten wird, kehren sie erst Jahrzehnte später an diesen Ort zurück.

Das Kabeljauweibchen legt vier bis sechs Millionen Eier auf einmal.

Knallkrebse sind so laut, dass sie das Sonargerät eines U-Boots stören können.

Viele Fischarten – die sogenannten Maulbrüter – tragen ihre Eier im Maul, bis die Jungen geschlüpft sind und für sich selbst sorgen können.

Um die Flüsse und Seen zu erreichen, in denen sie den größten Teil ihres Lebens verbringen werden, schwimmen neugeborene Aale von ihrem Geburtsort aus ohne Unterbrechung bis zu 5000 Kilometer.

Störe können bis zu 100 Jahre alt werden.
Ausgewachsene Weibchen legen alle zwei bis drei
Jahre mehrere Millionen Eier.

> **Fische können nicht nur mit dem Maul schmecken, sondern auch mit den Flossen und dem Schwanz.**

Wenn Plattfische (Heilbutt, Flunder, Steinbutt und Seezunge) schlüpfen, sehen sie aus wie andere Fische auch. Erst während des Wachstums drehen sie sich auf die Seite und ein Auge wandert, sodass beide Augen auf der Oberseite liegen.

340 v. Chr. beobachtete Aristoteles, dass Delfine lebende Junge zur Welt bringen, die durch eine Nabelschnur mit der Mutter verbunden sind. Er war damit einer der Ersten, die Delfine als Säugetiere betrachteten.

Der afrikanische Lungenfisch, ein Süßwasserfisch, kann auch ohne Wasser überleben. Bei Trockenheit schlüpft er unter eine Schicht aus Schlamm und Erde und lässt nur ein kleines Loch zum Atmen. Die Erde wird trocken und hart, sodass der Fisch darunter gut geschützt ist. Wenn es wieder regnet, löst sich die Erdschicht auf und der Lungenfisch schwimmt davon.

Fliegende Fische nehmen im Wasser Anlauf, dann springen sie in die Luft, um Raubfischen zu entkommen. In der Luft können sie bis zu 100 Meter weit fliegen.

Salzwasserfische, wie Flunder oder Kabeljau, haben dickere Gräten als Süßwasserfische, zum Beispiel Welse oder Forellen.

Korallen und Quallen sind nah miteinander verwandt.

Wenn ein Hummer ein Auge verliert, wächst es nach.

Der schnellste Fisch im Meer ist der Schwertfisch, der es auf über 100 Kilometer pro Stunde bringt.

Der Blauflossenthunfisch kann bis zu 80 Kilometer pro Stunde schnell schwimmen.

Fische können ertrinken, wenn das Wasser nicht genug Sauerstoff enthält. Das kommt zum Beispiel bei starker Wasserverschmutzung vor.

Hummer legen bis zu 150 000 Eier auf einmal.

Seeigel gehen auf den Zähnen.

Schwämme sind Tiere ohne Nervensystem.

128 Muscheln gedeihen auch in verschmutztem Wasser gut, weil sie Bakterien, Pilze und Viren herausfiltern können.

1994 stellten in Lima (Peru) 1500 junge Leute ein fast fünf Kilometer langes Sardinensandwich her, um ins Guinness-Buch der Rekorde zu kommen.

Garnelen und Aale können vorwärts- und rückwärtsschwimmen.

Quallen können verdunsten, wenn sie gestrandet sind.

Seeotter haben den dichtesten Pelz überhaupt mit 100 000 Haaren pro Quadratzentimeter. Diese Anzahl trägt ein Mensch auf seinem ganzen Kopf.

Neun von zehn Lebewesen auf der Welt leben im Meer.

Die Quahog, eine Meeresmuschel, kann 200 Jahre alt werden. Damit ist sie das langlebigste Meereswesen der Welt. Den zweiten Platz nimmt der Schwertwal mit 90 Jahren ein, dritter ist der Blauwal mit 80 Jahren, an vierter Stelle kommt die Meeresschildkröte mit 50 Jahren und an fünfter der Tigerhai mit 40.

Austern können ihr Geschlecht ändern.

Plankton produziert fast drei Viertel des Sauerstoffs auf der Erde.

Am Ende seines zweiten Lebensjahrs ist ein Hummer gerade einmal fünf Zentimeter lang – immer noch kleiner als eine Riesengarnele.

In Frankreich werden Sardinen hochgeschätzt. In Südfrankreich gibt es sogar ein Sardinenmuseum. Der Gründer des Museums erklärt: „Diese Fische gehören zu unserer Kultur."

Winkerkrabben werden bei Ebbe dunkler und kommen aus ihren Höhlen. Bei Flut werden sie heller und ziehen sich zurück. Werden sie im Labor weit vom Meer entfernt gehalten, richten sie sich immer noch nach den Gezeiten: Ihre Farbe verändert sich mit Ebbe und Flut.

Nur eins von 1000 Lebewesen, die im Meer geboren werden, überlebt bis zum Erwachsenenalter.

Eine amerikanische Auster legt pro Jahr im Durchschnitt 500 Millionen Eier. Nur etwa eins davon entwickelt sich zu einer ausgewachsenen Auster.

In der Karibik gibt es Austern, die auf Bäume klettern können.

Die Löwenmähne ist die größte Qualle der Welt. Das größte bisher gesichtete Exemplar hatte einen Kopfdurchmesser von 2,3 Metern, ihre Tentakel waren länger als ein Blauwal.

Haie

Viele Haie legen Eier mit weichen Hüllen, aber Hammerhaie bringen lebende Junge zur Welt, die wie Miniversionen der erwachsenen Tiere aussehen. Junge Hammerhaie kommen mit dem Kopf voran zur Welt, dabei ist der Hammer eingeklappt, um die Geburt zu erleichtern.

Der Weiße Hai hat als einziges Meerestier keine natürlichen Feinde.

Haie sind gegen alle bekannten Krankheiten weitgehend immun.

Der Hai kann als einziger Fisch mit beiden Augen blinzeln.

Einem Hai wachsen innerhalb einer Woche neue Zähne.

Der Ammenhai verbringt viel Zeit in Unterwasserhöhlen.

Manche Haie schwimmen eine Acht, wenn sie bedroht werden.

Die Weibchen mancher Haiarten bringen nur zwei Junge gleichzeitig zur Welt.

Das größte Ei der Welt wird von einer Haiart gelegt.

Haie haben einen zusätzlichen Sinn, mit dem sie die bioelektrischen Felder wahrnehmen können, von denen andere Meereswesen umgeben sind. Außerdem können sie sich mit diesem Sinn am Magnetfeld der Erde orientieren.

Haie haben keine Gräten.

Dem Zitronenhai wächst alle zwei Wochen ein neuer Satz Zähne. Pro Jahr sind das mehr als 24 000 Stück.

Wale

Der Schwertwal ist das schnellste Meeressäugetier. Wenn er seine Beute verfolgt, kann er bis zu 56 Kilometer pro Stunde schnell schwimmen.

Bei der Geburt ist der Weißwal schwarz.

Vom Oberkiefer des Grauwals hängen bis zu 180 Hornplatten herab. Diese sogenannten Barten nehmen den Platz der Zähne ein.

Der Orca ist das größte Mitglied der Delfinfamilie.

Ein junger Blauwal ist bei der Geburt 7,5 Meter lang.

Ein Zahn eines Pottwals ist so groß wie ein großes Marmeladenglas.

Wale sterben, wenn ihr Echolotsystem ausfällt.

Grauwale wandern jedes Jahr circa 19000 Kilometer.

Um seine Blickrichtung zu ändern, muss ein Wal den ganzen Körper bewegen.

Ein Wal kann drei Monate schwimmen, ohne zu fressen.

Wale können an Lungenentzündung sterben.

Ein großer Wal braucht mehr als zwei Tonnen Futter pro Tag.

Buckelwale singen unter Wasser ein Lied, das sich von Jahr zu Jahr weiter entwickelt. Schwertwale hingegen ändern ihr Lied nur sehr selten.

Das Gehirn eines Pottwals wiegt 7,8 Kilo, aber das sind nur 0,02 Prozent seines Körpergewichts.

Die Zunge eines Blauwals wiegt mehr als ein Elefant.

Weil Wale so starken Mundgeruch haben, glaubten die Seeleute früher, dass ein Hauch davon Hirnkrankheiten hervorrufen könnte.

Ein junger Grauwal trinkt am Tag mehr Milch, als in 2000 Babyfläschchen passt.

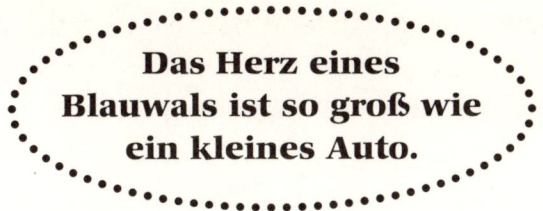

Das Herz eines Blauwals ist so groß wie ein kleines Auto.

Ein junger Blauwal nimmt pro Stunde vier bis fünf Kilo zu.

Walgesänge reimen sich.

Wale reiben sich manchmal an der Bordwand vorbeifahrender Schiffe, um Hautparasiten abzustreifen.

Mit 188 Dezibel ist das Pfeifen des Blauwals das lauteste Geräusch, das von einem Tier hervorgerufen wird.

Wale können nicht rückwärtsschwimmen.

Das Herz eines Blauwals schlägt nur neunmal pro Minute.

Kraken

Kraken und Tintenfische können ihre Hautfarbe verändern. Normalerweise sind sie braun, aber wenn sie bedroht werden oder sich paaren wollen, färben sie sich grün oder blau.

 **Obwohl der Krake sehr stark ist, wird er schnell müde. Der Stoff, der in seinem Blut Sauerstoff transportiert, das sogenannte Hämocyanin, basiert auf Kupfer und ist weniger wirksam als das Hämoglobin des Menschen, das auf Eisen beruht. Ein kämpfender Krake leidet daher schnell unter Sauerstoffmangel.**

Der Pazifische Riesenkrake, der größte Krake der Welt, wird nur zwei Jahre alt. In dieser Zeit wächst er von der Größe einer Erbse bis zu einem Gewicht von 40 Kilogramm heran.

Der korrekte Plural des Wortes Oktopus lautet Oktopoden, aber viel häufiger sagt man Oktopusse.

Oktopusse – oh, Entschuldigung, Oktopoden – legen Gärten an.

Die Fangarme von Riesenkraken
sind so lang wie Strommasten,
ihre Augen größer als Fußbälle.
Sie haben die größten Augen der
Welt.

**Mit den Schwimmhäuten zwischen
den Armen kann ein Krake bis zu
zwölf Krebse in seine Höhle
tragen, um sie dort aufzufressen.**

Kraken können Schraubgläser öffnen.

Die Pupille im Auge eines
Kraken ist rechteckig.

Der Pazifische Riesenkrake kann seinen ganzen
Körper durch eine Öffnung quetschen, die nicht
größer als sein Schnabel ist.

WUSSTEST DU SCHON ...

Warum verfangen sich Spinnen nicht in ihrem eigenen Netz?
Spinnen haben das Glück (im Gegensatz zu ihren Opfern), dass ihre Beine mit einem natürlichen Öl überzogen sind. Das Öl verhindert, dass sie in ihrem eigenen Netz kleben bleiben.

Wenn man einen Wurm in zwei Teile schneidet, werden dann zwei Würmer daraus?
Ja und nein. Dem vorderen Ende eines Regenwurms kann ein neuer Schwanz wachsen, aber der Schwanz kann keinen neuen Kopf entwickeln. Deshalb stirbt er – nachdem er noch eine Weile

herumgezappelt hat. Den Plattwurm dagegen – der in der Nähe von Gewässern lebt – kann man in zwei oder gar drei Teile schneiden und jeder Teil entwickelt einen neuen Kopf beziehungsweise Schwanz.

Warum stecken Strauße den Kopf in den Sand?

Menschen, die sich einer unangenehmen Wahrheit nicht stellen wollen, wird oft vorgeworfen, dass sie den Kopf in den Sand stecken wie ein Vogel Strauß. Dabei tun die Tiere das einfach nur, um nach Wasser zu suchen – sie versuchen keineswegs, sich zu drücken.

Wiehert ein Zebra genauso wie ein Pferd?

Ein Zebra sieht zwar aus wie ein Pferd (wenn auch eins im Sträflingsanzug), ist in Wirklichkeit aber keins. Deshalb wiehert das Zebra auch nicht wie ein Pferd, sondern winselt eher wie ein Hund, und das stoßweise – fast wie ein Esel, nur nicht so laut.

Warum sind Hundehaufen manchmal weiß?

Dafür gibt es zwei Gründe: Hundehaufen sind zwar normalerweise braun – wie die der Menschen auch –, aber wenn der Hund viele Knochen frisst, werden seine Haufen weiß.

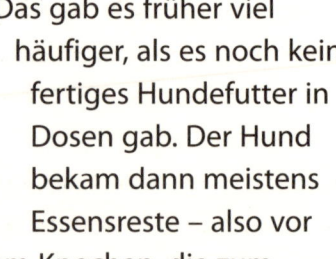

Das gab es früher viel häufiger, als es noch kein fertiges Hundefutter in Dosen gab. Der Hund bekam dann meistens Essensreste – also vor allem Knochen, die zum größten Teil aus Kalzium bestehen und daher weiß sind.

Aber es gibt noch einen Grund für weiße Hundehaufen: Wenn der Hundehaufen lange in der Sonne liegt, bleicht er aus und wird trocken und kalkig. Zum Glück sind die meisten Hundehalter heutzutage rücksichtsvoll und die Städte auf Sauberkeit bedacht, sodass viele Hundehaufen weggeräumt werden.

Warum stehen Flamingos auf einem Bein?

Nehmen wir an, du bist draußen, es ist sehr kalt, du hast aber nur ein kurzärmeliges T-Shirt an. Was würdest du tun, um deine Arme warm zu halten? Vermutlich würdest du sie so nah wie möglich an den Körper drücken, um sie zu wärmen.

Genau das tut auch der Flamingo. Indem er ein Bein dicht an den Körper zieht, friert er bei kaltem Wetter weniger.

Aber Flamingos wollen nicht nur die Kälte fernhalten, sondern auch die Feuchtigkeit: Sie verbringen viel Zeit

143

mit der Nahrungssuche im Wasser. Indem sie abwechselnd erst auf dem einen, dann auf dem anderen Bein stehen, hat jeweils das andere Zeit zum Trocknen.

Für uns sieht es vielleicht schwierig aus, aber für die Flamingos ist es ganz einfach. Flamingos (und viele andere Vögel) können über vier Stunden am Stück auf einem Bein stehen, ohne das Gleichgewicht zu verlieren.

Aber dafür kannst du bestimmt auch einige Dinge, die ein Flamingo nicht fertigbringt.

Igel haben harte Stacheln. Werden die Weibchen dadurch bei der Geburt verletzt?

Zum Glück für die Igelmütter kommen Igelbabys mit sehr weichen Stacheln zur Welt. Aber sofort nach der Geburt beginnen diese Stacheln, hart zu werden, um den jungen Igel zu schützen.

Stimmt es, dass ein Menschenjahr sieben Hundejahren entspricht?

Ungefähr, aber diese Volksweisheit ist irreführend. Ein 14 Jahre alter Hund ist nicht mit einem 98-jährigen Menschen vergleichbar. Wie viele 98-Jährige kennst du, die Stöckchen und Bällen nachjagen können?

Deshalb haben Hundeexperten eine andere Methode entwickelt, wie man Menschenjahre in Hundejahre umrechnen kann. Sie sagen, dass das erste Hundejahr 21 Menschenjahren entspricht, jedes folgende Hundejahr aber nur vier Menschenjahren.

Warum essen wir keine Eichhörnchen?

Wir essen sie nicht, weil wir weder Tollwut noch eine der anderen Krankheiten bekommen wollen, die sie übertragen können – manchmal schon durch bloßen Hautkontakt. Aber das gilt nur für Eichhörnchen, die in Städten oder stadtnah leben. Eichhörnchen auf dem Land sind essbar, wenn man sie selber fängt und nicht etwa ein totes von der Straße aufliest. Wenn man es getötet hat, häutet man es, so wie man eine Orange schält, und entfernt Kopf und Füße. Dann nimmt man die Organe heraus und achtet darauf – das ist sehr wichtig! –, das Tier gründlich mit Wasser und Essig zu waschen. Dann brät man es wie ein Hühnchen.

Kängurus tragen ihre Jungen mehrere Monate lange im Beutel. Was passiert in dieser Zeit mit der Babykacke?

Um den Beutel sauber zu halten, öffnen die Känguru-Mamas ihren Beutel mit den Vorder-

pfoten, stecken den Kopf hinein und lecken ihn sauber. Auch wenn die Jungen schon größer sind und nicht mehr ständig im Beutel sitzen, kommen sie zurück, wenn sie Hunger haben. So lange bis sie sich entweder nicht mehr hineinquetschen können oder ihre Mutter sie endgültig hinauswirft.

Warum steigt man immer von links aufs Pferd?

Hier gilt es, zwei Punkte zu bedenken: einen historischen und einen praktischen Aspekt. Früher trugen die Männer ein Schwert. Es hing in der Regel an der linken Seite, damit man es mit der rechten Hand ziehen konnte (versuche, dir das bildlich vorzustellen). Beim Aufsteigen von rechts wäre ihnen das Schwert in die Quere gekommen und das Pferd hätte verletzt werden können.

Der praktische Grund ist der: Pferde sind sehr schreckhaft.

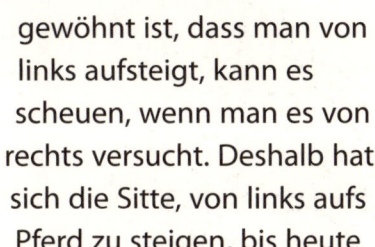

Wenn ein Pferd daran gewöhnt ist, dass man von links aufsteigt, kann es scheuen, wenn man es von rechts versucht. Deshalb hat sich die Sitte, von links aufs Pferd zu steigen, bis heute gehalten.

147

**Ein Trampeltier hat zwei Höcker, ein Dromedar nur einen.
Wenn man nun ein Trampeltier mit einem Dromedar kreuzt, haben die Nachkommen einen Höcker oder zwei?**

Lange Frage, kurze Antwort: einen. Man weiß das, weil Trampeltiere und Dromedare regelmäßig gekreuzt werden. Die Nachkommen aus dieser Zucht sind hervorragende Tiere, die alle Vorteile der beiden Rassen in sich vereinen. Leider sind sie unfruchtbar, deshalb bekommt man nur Nachwuchs, wenn man regelmäßig Trampeltiere und Dromedare zusammenbringt.

Warum wedeln Katzen nicht mit dem Schwanz, wenn sie sich freuen, so wie Hunde?

Auch wenn wir Katzen und Hunde oft zusammen nennen – weil beides beliebte Haustiere sind –, handelt es sich um völlig verschiedene Tierarten. Hunde sind Rudeltiere. Sie müssen ihre Gefühle den anderen Rudelmitgliedern mitteilen. (Wenn Hunde und Menschen zusammenleben, werden die Menschen auch als Teil des Rudels angesehen.) Eine Möglichkeit, positive Gefühle auszudrücken, ist das Wedeln mit dem Schwanz.

Katzen dagegen sind Einzelgänger und brauchen niemandem etwas mitzuteilen – es sei denn, sie wollen Futter. Stattdessen benötigen sie ihren Schwanz als Teil eines komplizierten Bewegungs- und Gleichgewichtsapparats, vor allem, wenn sie Beute auflauern.

Stimmt es, dass Elefanten ein gutes Gedächtnis haben?

Ja, es stimmt. Und zwar weil sie im Vergleich zu anderen Tieren ein großes Gehirn haben – wenn auch nicht so groß wie das des Menschen. Wenn man einem Elefanten etwas beibringt, kann er das auch nach ein paar Jahren noch. Es gibt Geschichten von Elefanten, die sich bis zu dreißig Jahre später für eine Gemeinheit oder Freundlichkeit revanchierten. Wenn zum Beispiel in Indien ein Mahout (Elefantentreiber) einen Elefanten schlecht behandelt, erinnert sich das Tier noch Jahre später daran und greift ihn an, wenn es Gelegenheit dazu hat.

Was passiert mit einer Kuh, wenn man sie nicht melkt?

Vermutlich hättest du gern die Antwort gehört, dass es eine große Explosion gibt und kleine Kuhfetzen in der Gegend herumfliegen. Leider ist die Wahrheit weniger aufregend. Wenn man eine Kuh nicht melkt, entsteht ein Druck im Euter, der dafür sorgt, dass die Kuh keine weitere Milch mehr produziert. Was sie noch an Milch im Euter hat, wird von ihrem Körper wieder aufgenommen. Dies ist der ganz natürliche Vorgang, wenn ein Kalb groß genug ist und aufhört zu saugen. Eine Hochleistungskuh muss jedoch trotzdem regelmäßig gemolken werden, sonst entzündet sich das Euter und sie leidet unter großen Schmerzen.

Wir wissen, dass Katzen aus großer Höhe fallen oder springen können. Aber könnte eine Katze zum Beispiel einen Sturz aus dem 19. Stock eines Hochhauses überleben?

Katzen können Stürze aus großer Höhe überleben, die Überlebenschancen steigen sogar mit zunehmender Höhe – bis zu einem gewissen Punkt. Wenn eine Katze aus dem sechsten Stock fällt, hat sie geringere Überlebenschancen, als wenn sie aus dem 19. Stock fällt. Die Katze braucht etwa acht Stockwerke, um zu merken, was passiert. Dann kann sie sich entspannen und auf den Fall einstellen. Wenn die Katze unvorbereitet auf den Boden aufschlägt, sieht es schlecht für sie aus.

Warum reitet niemand auf Zebras?

Wie gesagt: Dass sie aussehen wie Pferde, heißt noch lange nicht, dass sie welche sind. Es gab zwar einzelne Fälle, in denen Zebras für ein paar Minuten geritten oder neben Ponys vor einen Wagen gespannt wurden, aber im Grunde sind sie dafür ungeeignet. Denn Zebras sind im Gegensatz zu Pferden störrische Tiere, die keine Lust haben, einen Menschen auf ihrem Rücken zu tragen. Der Fairness halber muss man sagen, dass das nicht nur an ihrem Temperament liegt. Ein weiterer Grund ist, dass Zebras relativ schwach sind und ihr Körperbau nicht darauf ausgerichtet ist, schwere Lasten zu transportieren.

Schlafen Delfine eigentlich?
Sie würden doch sicherlich vom
Wellengang abgetrieben werden?

Ja, sie schlafen, aber anders als wir. Denn Delfine und andere Meeressäuger haben ein Gehirn, das aus zwei Hälften besteht. Die eine Hälfte schläft, während die andere wach bleibt und dafür sorgt, dass das Tier sicher ist. So ist es ihnen möglich, 24 Stunden am Tag mit oder gegen den Strom zu schwimmen, ohne abgetrieben zu werden oder zu ertrinken.

Wie lernen Papageien, die menschliche Sprache nachzuahmen?

Papageien lernen sprechen genau wie Menschen: indem sie Geräusche imitieren. Menschen lernen dazu allerdings noch die Bedeutung der Wörter – Papageien nicht. Sie plappern einfach alles nach.

153

Dabei ist es schon erstaunlich genug, dass sie die Geräusche nachahmen können, auch wenn sie nicht wissen, was sie sagen. Wie ist das möglich? Im Gegensatz zu Menschen haben Papageien keine Stimmbänder. Sie können aber die Muskelbewegungen in ihrer Kehle so kontrollieren, dass sie bestimmte Laute imitieren können. Die meisten anderen Vögel können das nicht. Manche Papageien – vor allem Afrikanische Graupapageien – können nicht nur Wörter nachbilden, sondern auch verschiedene Akzente (oder sogar die Stimmen einzelner Familienmitglieder).

Stimmt es, dass sich Goldfische nur drei Sekunden lang an etwas erinnern können?

Man könnte diese Frage mit Nein beantworten und als Beweis anführen, dass sie wissen, wann Futterzeit ist. Demnach müssten sie sich mindestens 24 Stunden lang erinnern können. Goldfische reagieren aber nur auf das Klopfen am Aquarium oder auf andere Futtersignale, was nicht auf ihr gutes Gedächtnis zurückzuführen ist, sondern auf ihren Instinkt.

Warum wird Fisch im Restaurant immer mit einer Zitronenscheibe serviert?

Das liegt zum einen daran, dass Zitrone gut zu Fisch passt, zum anderen aber auch an einem Aberglauben aus dem Mittelalter. Man nahm damals an, dass Zitronensaft eine Gräte auflösen könnte, die man aus Versehen verschluckte.

Woher stammt der Teddybär?

Das ist eine schwierige Frage, denn sowohl die Deutschen als auch die US-Amerikaner behaupten, dass der Teddy Anfang des 20. Jahrhunderts bei ihnen erfunden wurde.

Seinen Namen verdankt der Teddybär mit ziemlicher Sicherheit Theodore Roosevelt, der 1901 Präsident der USA wurde und den Spitznamen Teddy trug. Auf einer Reise in die Südstaaten ging er auf Bärenjagd. Doch ausgerechnet an diesem Tag ließ sich kein einziger ausgewachsener Bär blicken. Deshalb fingen die Gastgeber einen jungen Schwarzbären und banden ihn an, sodass er ein leichtes Ziel abgab. Roosevelt weigerte sich, das wehrlose Tier zu erschießen. Diese Szene erschien als Karikatur in der Zeitung, und die amerikanische Öffentlichkeit reagierte mit Begeisterung.

Morris Michtom, ein Einwanderer aus Russland, betrieb in New York einen Laden mit Süßigkeiten, Geschenkartikeln und Schreibwaren. Er hatte die Idee, dass seine Frau aus fellartigem Stoff einen Spielzeugbären nähen sollte. Den fertigen Bären setzte er neben eine Kopie der bekannten Karikatur ins Schaufenster und dazu ein Schild mit der Aufschrift „Teddys Bär". Etwa gleichzeitig, so heißt es, wurde das beliebteste Spielzeug der Welt in Deutschland erfunden. In den achtziger Jahren des 19. Jahrhunderts stellte die Näherin Margarete Steiff, die durch Kinderlähmung an den Rollstuhl gebunden war, zu Hause Spielzeugtiere aus Filz her. 1889 eröffnete sie ein Spielzeuggeschäft. Ihr Neffe Richard brachte ihr Entwürfe für einen Plüschbären. Diese hatte er nach Zeichnungen von Bärenjungen in der Stuttgarter Wilhelma entwickelt. 1902 stellte Margarete einen knubbeligen, mit Sägemehl gefüllten Bären her. Er hatte Gelenke in Armen und Beinen und ließ sich wie eine Puppe bewegen. Im März 1903 wurde er auf der Leipziger Spielzeugmesse vorgestellt, war aber nicht sofort ein Erfolg. Doch dann erhielt Margarete von einem amerikanischen Geschäftsmann den Auftrag, über 3000 ihrer Bären anzufertigen. Das kleine Familienunternehmen Steiff expandierte mächtig und zählt bis heute zu den bekanntesten Stofftierherstellern.

Warum kann eine Henne zum Brüten auf ihren Eiern sitzen, ohne sie zu zerdrücken?

Das ist ganz einfach: Eier sind stabiler, als man glaubt, Hühner dagegen leichter, als man denkt. Zusätzlich sollten brütende Hennen ein weiches Strohnest bekommen, in dem sie auf ihren Eiern sitzen können. Um Eier mit ausreichend fester Schale zu legen, müssen Hühner viel Kalk fressen. Deshalb ist es gut für sie, im Dreck zu scharren.